DIÄT HEUTE
ärztlich geprüft · gut gekocht

Herausgegeben von Prof. Dr. N. Zöllner
und Prof. Dr. G. Wolfram

FALKEN

Thienemanns Diätkochbücher im FALKEN Verlag

DIÄT HEUTE
ärztlich geprüft · gut gekocht

Prof. Dr. med. Georg Strohmeyer

Diät bei Darmkrankheiten

Einführung von
Prof. Dr. med. Georg Strohmeyer
Direktor der Medizinischen Klinik und
Poliklinik D der Universität
Düsseldorf

Rezeptteil von Brigitte Zöllner, Diätassistentin und Redakteurin
München

FALKEN

DIÄT HEUTE
ärztlich geprüft · gut gekocht

Herausgegeben von Prof. Dr. N. Zöllner und
Prof. Dr. G. Wolfram

Lieferbare Titel:

Band 1 Diät bei Krankheiten des Magens und Zwölffingerdarmes (3201)

Band 2 Diät bei Herzkrankheiten und Bluthochdruck (3202)

Band 3 Diät bei Erkrankungen der Nieren, Harnwege und bei Dialysebehandlung (3203)

Band 4 Richtige Ernährung, wenn man älter wird (3204)

Band 5 Diät bei Gicht und Harnsäuresteinen (3205)

Band 6 Diät bei Zuckerkrankheit (3206)

Band 7 Diät bei Krankheiten der Gallenblase, Leber und Bauchspeicheldrüse (3207)

Band 8 Diät bei Störungen des Fettstoffwechsels und zur Vorbeugung der Arteriosklerose (3208)

Band 9 Diät bei Übergewicht (3209)

Band 11 Diät bei Darmkrankheiten (3211)

Band 12 Ballaststoffreiche Kost bei Funktionsstörungen des Darms (3212)

CIP Titelaufnahme der Deutschen Bibliothek

Strohmeyer, Georg:
Diät bei Darmkrankheiten / Einf. von Georg Strohmeyer
Rezeptteil von Brigitte Zöllner, – 22. Aufl. –
Niedernhausen/Ts.: FALKEN, 1989.
(Diät heute; Bd. 11) (FALKEN Bücherei)
Bis 21. Aufl. in Thienemanns Verl., Stuttgart
ISBN 3-8068-3211-0
NE: Zöllner, Brigitte:; 1. GT

ISBN 3-8068-3211-0

Titelbild und Fotos: TLC-Foto-Studio GmbH, Bocholt
Zeichnungen: Seite 7 Gerhard Scholz, Seite 9 G. Hampel

Hinweis zu den Fotos: Die auf dem Eßgeschirr abgebildeten Speisen sind nach den jeweiligen Rezepten zubereitet. Zusätzliche Beigaben auf den Fotos dienen lediglich der Dekoration.

Satz: LibroSatz, Kriftel bei Frankfurt
Druck: Freiburger Graphische Betriebe, Freiburg

817 2635 4453 6271

Inhalt

Bau und Funktion des Darmes

Der Darm des Menschen ist ein über 4 Meter langes, schlauchförmiges Organ. Seine Hauptaufgaben bestehen in der **Verdauung der Nahrung** und der **Aufnahme von Nährstoffen und Wasser,** in der **Ausscheidung** unverdaulicher Nahrungsbestandteile sowie zahlreicher Stoffwechselendprodukte.

Er setzt sich aus zwei Teilen zusammen: dem Dünndarm und dem Dickdarm (siehe dazu die nebenstehende große Zeichnung).

Der Dünndarm beginnt am Ausgang des Magens. Seinen oberen Abschnitt bezeichnet man als den Zwölffingerdarm (Duodenum), den daran anschließenden oberen Dünndarm als Jejunum, den unteren als Ileum. Das Ileum mündet in den **Dickdarm** (Colon), der seinerseits zunächst den Blinddarm (Coecum) ausbildet. Die folgenden Abschnitte werden als aufsteigender (Colon ascendens), als querverlaufender (Colon transversum) und als absteigender Dickdarm (Colon descendens) bezeichnet. Sie gehen in das Sigma und anschließend in den Mastdarm (Rektum) über, der am After endet.

Der gesamte Darmtrakt ist von einer Muskelschicht umgeben, die für die Durchmischung und den Weitertransport des Speisebreies sorgt. Die Innenseite des Dünndarms ist mit einer Schleimhaut ausgekleidet. Sie ist zur Vergrößerung ihrer Oberfläche stark gefaltet und weist zudem kleine Fortsätze (Darmzotten) auf (siehe dazu die nebenstehende kleine Zeichnung). Der Dickdarm dagegen bildet an seiner inneren Schleimhaut fingerförmige Einstülpungen (Krypten) aus.

Die Hauptaufgabe des Dünndarms besteht darin, die aus dem Magen kommende, vorverdaute Nahrung in ihre Bestandteile aufzuspalten und diese ins Blut oder die Lymphbahnen aufzunehmen. Dabei helfen ihm vor allem Enzyme, die er selbst bilden kann und die ihm aus der Bauchspeicheldrüse (Pankreas) zugeleitet werden, sowie Gallensäuren, aus der Gallenblase. Die Verdauung der Nahrung und die Aufnahme von Nährstoffen (Resorption) setzt sich in den folgenden Dünndarmabschnitten fort. Der flüssige Speisebrei gelangt anschließend in den **Dickdarm,** der ihm Wasser und Mineralstoffe entzieht. Der eingedickte Stuhl kann dann ausgeschieden werden.

Wie im folgenden Text noch näher erläutert wird, ist die Zusammensetzung der Nahrung und damit des Speisebreies im Darm ein wichtiger, die Tätigkeit des Darms bestimmender Faktor. **Ballaststoffe** spielen dabei eine wichtige Rolle und können die Passagezeit der Nahrung durch den gesamten Magen-Darm-Trakt beeinflussen.

1 Speiseröhre (Oesophagus)
2 Leber
3 Gallenblase
4 Magen (Ventriculum)
5 Bauchspeicheldrüse (Pankreas)
6 Zwölffingerdarm (Duodenum)
7 Oberer Dünndarm (Jejunum)
8 Unterer Dünndarm (Ileum)
9 Blinddarm (Coecum)
10 Wurmfortsatz des Blinddarms (Appendix)
11 aufsteigender Dickdarm (Colon ascendens)
12 querverlaufender Dickdarm (Colon transversum)
13 absteigender Dickdarm (Colon descendens)
14 S-förmiger Dickdarm (Sigma)
15 Mastdarm (Rektum)
16 Darmausgang (Anus)

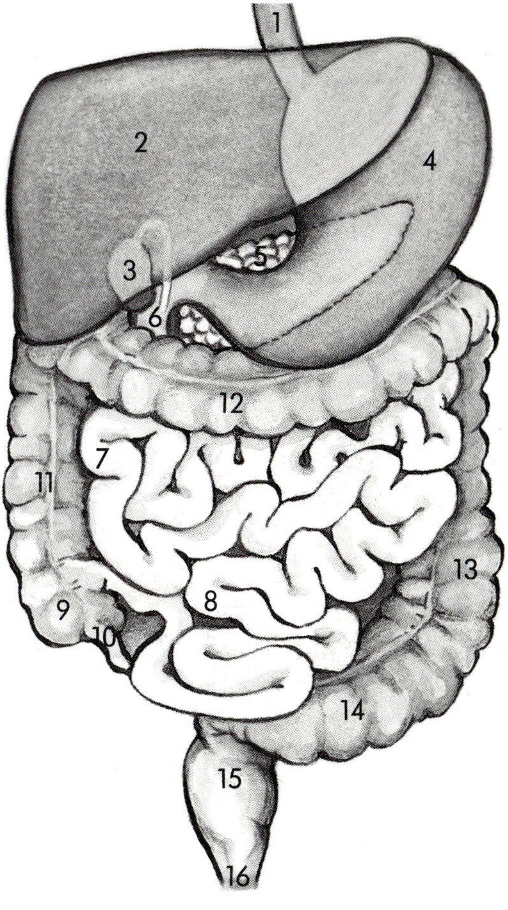

1 Darmzotten
2 Darmfalte
3 Schleimhaut
4 Muskelschicht
5 Blutgefäß

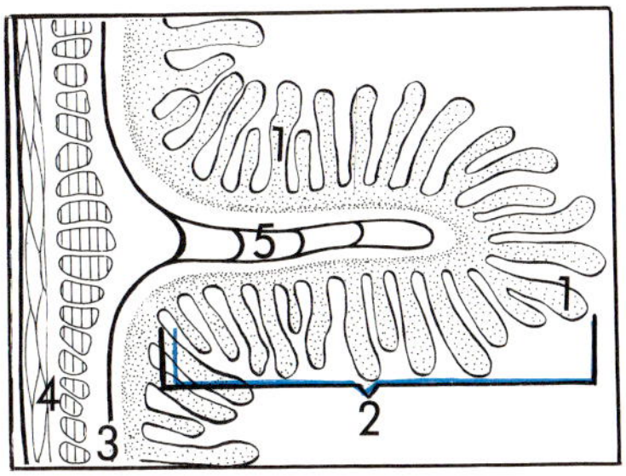

Die Ernährung bei Darmkrankheiten

Einleitung

Von alters her versuchen Ärzte und Patienten, akute oder chronische Darmerkrankungen durch Änderung der Nahrungszusammenstellung und -zufuhr günstig zu beeinflussen. Die Kenntnisse über die Einwirkung der Nahrung auf die Darmschleimhaut und die Funktion des Darmes waren aber und sind zum Teil immer noch so lückenhaft, daß die empfohlenen Ernährungsumstellungen bei Darmkrankheiten („Diätvorschriften") meist nur auf Erfahrungen von Ärzten und Laien, Traditionen, überlieferten Gewohnheiten, Aberglauben, Vorurteilen und Wunschvorstellungen beruhten. Auch heute noch haben die meisten Menschen bestimmte vorgefaßte Meinungen darüber, welche Speisen Bauch-, Magen- oder Darmbeschwerden verursachen. Dazu gehören insbesondere Fett, Hülsenfrüchte, scharfe Gewürze wie Paprika, Meerrettich, Senf, Pfeffer u. a. und Bohnenkaffee. Bei kritischer Nachprüfung hat sich jedoch gezeigt, daß solche angeschuldigten Nahrungsmittel und Zusatzstoffe nicht wesentlich häufiger Magen-Darm-Beschwerden verursachen als angeblich „gut verträgliche" Speisen. Obwohl sie in begrenzten Mengen von der Mehrzahl der Patienten wahrscheinlich gut vertragen würden, streicht man sie am besten aus dem Ernährungsplan, da vorgefaßte Meinungen nur sehr langsam abgebaut werden können und den Heilungsprozeß beeinträchtigen.

Unzweifelhaft wird die Funktion des Magen-Darm-Traktes durch die Nahrung beeinflußt. Sie fördert oder hemmt die Sekretion verschiedener Drüsen und die Freisetzung und Abgabe von Enzymen und Hormonen, die selbst wieder den Bewegungsablauf, die Nahrungsaufnahme, den Spannungszustand und die Durchblutung des Darmes verändern können. Darüber hinaus wirken sich Appetit, Geschmack, Hunger, Widerwillen und Ekel gegen bestimmte Speisen erheblich auf die nicht dem Willen unterworfenen Funktionen des Magens und Darmes aus. Auf welche Weise und in welchem Umfang jedoch eine qualitativ und quantitativ veränderte Nahrung auf normale und krankhaft veränderte Organfunktionen einwirkt, ist bisher nur in Umrissen bekannt.

Fehlernährung als Ursache von Darmerkrankungen

In den letzten Jahren häufen sich die Hinweise aus vergleichenden Untersuchungen in Entwicklungs- und Industrieländern, daß eine Reihe von Erkrankungen des Magen-Darm-Traktes durch Umstellungen in der Ernährung, wie sie in der Industriegesellschaft typisch sind, verursacht werden oder zumindest mitbedingt sind. Es handelt sich dabei um die **Darmträgheit** beziehungsweise **chronische Verstopfung** (Obstipation), die **Divertikulose** (säckchenartige Ausstülpungen der Wand des Dickdarmes, siehe Zeichnung), **irritables Colon** (Reizdarm), **Appendizitis** (Entzündung des Wurmfortsatzes am Blinddarm), **Hämorrhoiden**, **Darmpolypen**, **Dickdarmkrebs** und **Hiatushernie** (Zwerchfellbruch). Als Ursache dieser gastrointestinalen „Zivilisationskrankheiten" werden qualitative Veränderungen in der Nahrung vermutet.

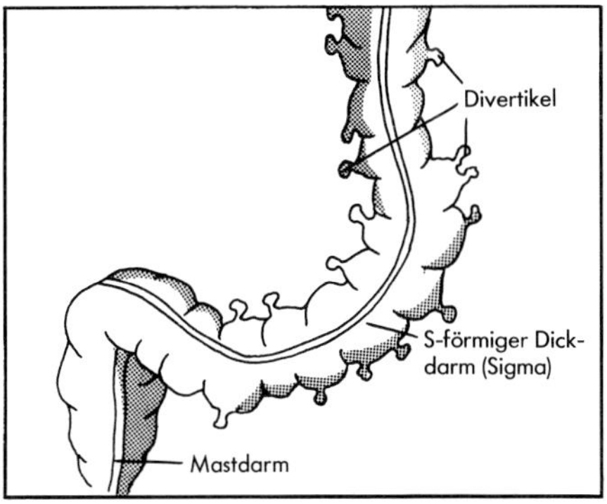

Epidemiologische Untersuchungen an afrikanischen Eingeborenen ergaben eine erstaunlich niedrige Erkrankungsrate an den oben genannten Darmerkrankungen. Bei Afrikanern mit westeuropäischen Ernährungsgewohnheiten entwickelten sich jedoch die gleichen Darmleiden mit nahezu gleicher Häufigkeit wie in den Industrieländern. Die entscheidende Differenz zwischen der Kost afrikanischer Einwohner und der Ernährung in den westlichen Industrieländern liegt in den unterschiedlichen Mengen an unverdaulichen Faser- oder Ballaststoffen. Die Nahrung der Europäer und Nordamerikaner ist in den letzten 100 Jahren besonders durch den höheren Ausmahlungsgrad der Getreide und anderer Einflüsse immer ärmer an pflanzlichen Fasern und reicher an tierischem Fett und Eiweiß sowie an Zucker, hochausgemahlenen Mehlen und anderen verfeinerten Kohlenhydraten geworden. Eine faserarme, das heißt ballaststoffarme Kost vermindert die Stuhlmenge (normal 200 bis 250 Gramm pro Tag) auf unter 150 Gramm pro Tag, verlängert die Stuhlpassagezeit und erhöht die Konzentration des Darminhaltes.

Die Faserstoffe der pflanzlichen Nahrungsmittel sind keine einheitliche Substanzklasse, sondern chemisch verschiedenartige Verbindungen, die Zellulosen, Lignine und andere nichtzellulosehaltige Vielfachzucker (Polysaccharide) enthalten. Diese Ballaststoffe können relativ große Mengen Wasser binden und tragen damit zum höheren Stuhlgewicht bei; das gilt insbesondere für die nicht zellulosehaltigen pentosehaltigen Polysaccharide und Lignine, die besonders reichlich in der Weizenkleie, Vollkornbrot und anderen Vollkornprodukten, in Kohl, Karotten, Erbsen und Äpfeln enthalten sind. Diese Nahrungsmittel führen nicht nur wegen ihrer verschiedenartigen Zusammensetzung an wirksamen Substanzen zu unterschiedlichen therapeutischen Erfolgen, sondern werden auch unterschiedlich durch die Darmflora aufgeschlossen. So kann die Wirksamkeit der gleichen Menge einer faserreichen Kost auf Stuhlgewicht, Passagezeit, Darmflora, motorische Darmfunktion und Stoffwechsel von Mensch zu Mensch unterschiedlich sein.

Verschiedene Darmkrankheiten und Diätempfehlungen

Die Zunahme der **Divertikulose** (säckchenartige Ausstülpungen der Wand des Dickdarmes) in den letzten 50 Jahren hat dazu geführt, daß jetzt bei 30 bis 50 Prozent der über 40jährigen Männer Divertikel gefunden werden, während sie in Ländern mit einer pflanzen- und damit ballaststoffreichen Ernährung seltener sind.

Bei einer ballaststoffarmen Kost muß bei dem folglich niedrigen Stuhlvolumen im unteren Dickdarm (Sigma) ein höherer Druck aufgebracht werden, um den Darminhalt zu bewegen, wozu eine erhöhte motorische Aktivität erforderlich ist. Wahrscheinlich entstehen als Folge des erhöhten Innendruckes bevorzugt in bestimmten Dickdarmabschnitten Divertikel. Eine erhöhte motorische Aktivität des Darmes wurde sowohl bei der Divertikulose als auch beim häufigen **Reizdarm** (irritables Colon) gefunden und ist wahrscheinlich die Ursache der sehr lästigen und unangenehmen krampfartigen Beschwerden im mittleren und linken Unterbauch. Als Ausdruck des gereizten Darmes wird auch vermehrt Schleim abgesetzt. Eine anhaltende, zum Teil schwere Verstopfung begleitet beide Krankheiten in den meisten Fällen.

Zur Krankheitsverhütung und Therapie eignen sich bei der Divertikulose, Reizdarm und Verstopfung eine ballaststoffreiche Ernährung, Vermeidung leicht aufschließbarer Zucker und Speisen aus hellem Mehl sowie eine an Fleisch und Fett arme Kost. Eine ballaststoffreiche Kost besteht aus zellulosereichem Gemüse wie Kohlsorten, Hülsenfrüchten, Möhren, Spinat u. a., Obst wie Äpfel, Aprikosen, Johannisbeeren u. a., Kartoffeln, Trockenobst (Pflaumen, Aprikosen, Feigen, Datteln und Äpfel), Radieschen, Rettich, Vollkornbrot, Müsli und andere Produkte aus Vollgetreide und Sauerkraut. Zusätzlich sollten Leinsamen und 3 bis 5 Eßlöffel Weizenkleie (25 bis 50 Gramm täglich) gegessen werden.

Ein Drittel aller durch Krebs verursachten Todesfälle geht auf **Karzinome des Verdauungstraktes** zurück, wobei in den letzten Jahren der Dickdarmkrebs stark zugenommen hat und die erste Stelle unter allen bösartigen Tumoren des Magen-Darm-Traktes einnimmt. Für diese rasche Zunahme des Dickdarmkrebses werden ebenfalls Umweltfaktoren, in erster Linie Veränderungen der Ernährungsgewohnheiten, verantwortlich gemacht. Obwohl der genaue Mechanismus der Krebsentstehung im Dickdarm noch unbekannt ist, wird vermutet, daß Nahrungseinflüsse die Besiedlung des Darmes mit Bakterien stark zu den Anaerobien verändern, so daß unter ihrem Einfluß aus bestimmten Gallensäuren und anderen Nahrungsbestandteilen krebserzeugende Substanzen (Kanzerogene) entstehen. Zu den angeschuldigten Nahrungsfaktoren gehören eine hohe Zufuhr an tierischem Eiweiß und Fett, ein hoher Zuckerkonsum und der hohe Verzehr von Speisen aus hellem Mehl. Auch die verlängerte Passage des Darminhaltes durch den Mangel an Faserstoffen spielt eine wesentliche Rolle, da der Darminhalt mit den vermuteten Kanzerogenen infolgedessen länger in Kontakt steht. Diese Vorstellungen sind aber bisher ebensowenig gesichert wie die Vermutung, daß auch die chronisch-entzündlichen Darmerkrankungen wie **Colitis ulcerosa** und **Ileocolitis Crohn** durch einen erhöhten Zucker- oder Fettkonsum verursacht oder mit verursacht werden.

Spezifische Diäten

Neben den bisher behandelten Ernährungsrichtlinien zur Vermeidung von Darmerkrankungen, die dabei zum Teil auch therapieunterstützend angewandt werden, gibt es eine Reihe spezifischer Diätmaßnahmen: Für die **gluteninduzierte Enteropathie** (einheimische Sprue, Zöliakie), **Disaccharidasemangel,** bei ausgedehnter **Dünndarmresektion** (operative Entfernung von Teilen des Dünndarms) und beim **Dumping-Syndrom** (Sturzentleerung) operierter Magenkranker sind die genaue Durchführung und Einhaltung von Spezialdiäten eine oder die wesentliche Behandlungsmaßnahme.

Der einheimischen Sprue liegt ursächlich eine angeborene oder erworbene Unverträglichkeit gegen Gluten, dem Klebereiweiß unserer Getreide, zugrunde. Dadurch kommt es zu einem totalen Zottenschwund oder zur teilweisen Zottenreduktion der Dünndarmschleimhaut. Diese führen zur Fehl- beziehungsweise Mangelresorption, das heißt einer ungenügenden Aufnahme von Nährstoffen aus der Nahrung, mit Durchfällen und Fettstühlen. Grundlage der therapeutischen Diät ist eine vollständig glutenfreie Kost, das bedeutet, alle glutenhaltigen Nahrungsmittel wie Weizen, Gerste, Roggen und Hafer sind verboten. Neben Brot, Kuchen und Teigwaren darf der Betroffene Grieß, Nudeln, Haferflocken, Paniermehl, Puddingpräparate, zusammengesetzte Fleisch- und Gemüsekonserven, Trockensuppen, Kekse und Pralinen nicht essen. Zum Binden von Suppen und Soßen werden nur Reis-, Mais- und Kartoffelstärke, Sojazubereitungen sowie Sago- und Maisgrieß verwendet. Von größter Bedeutung ist aber der Verzicht auf kleber- und glutenhaltiges Brot und Backwaren. Brot oder Gebäck kann aus Maisstärke und Johannisbrotkernmehl hergestellt werden.

Bei Disaccharidasemangel fehlen entweder angeboren oder erworben Enzyme für den Aufschluß von Zweifachzukkern, insbesondere für Milchzucker. Dadurch entsteht eine Milchunverträglichkeit, die zu Durchfällen, Blähungen und krampfartigen Bauchschmerzen führt. Die einzig wirksame Behandlungsmaßnahme besteht in einer Diät ohne Milch und Milchprodukte.

Ausgedehnte **Dünndarmresektionen** über 60 bis 80 Zentimeter („Kurzdarmsyndrom") führen durch die operativ verursachte Verminderung der Resorptionsfläche des Darmes und Passagebeschleunigung zu Durchfällen und starken Gewichtsverlusten. Fettstühle sind häufig. Die Beschwerden sind im allgemeinen bei operativen Verkürzungen des oberen Dünndarms geringer als bei Entfernung des unteren Dünndarms mit Verlust der Ileozäkalklappe am Übergang des Dünndarms in den Dickdarm. Bei ausgedehnten Verkürzungen des Dünndarms kann auch die Aufnahme von Vitaminen, Eisen und Calcium gestört sein.

Es muß eine kontinuierliche Ernährung mit häufigen kleinen Mahlzeiten erfolgen, wobei gut zerkleinerte, leicht aufschließbare Nahrungsmittel ohne Ballaststoffe bevorzugt werden. Die Fettzufuhr muß unter 40 bis 50 Gramm täglich liegen und die Fette durch Triglyzeride mittelkettiger Fettsäuren (mct) ersetzt werden. Zur Erhöhung der Eiweißzufuhr können begrenzt Eiweißhydrolysate ohne Laktose zugegeben werden. Mit Hilfe der Aminosäurendiäten, besser noch der voll bilanzierten, ballaststoffreichen Peptiddiäten aus leicht resorbierbaren Maltodextrinen, Peptiden, Aminosäuren, mittelkettigen Triglyceriden, Vitaminen und Mineralien, kann die Resorptionsstörung günstig beeinflußt und manchmal völlig überwunden werden, so daß auch wieder eine Gewichtszunahme erfolgt. Brauchbare Präparate sind Vivasorb (Aminosäurediät), Survimed OPD, Peptisorb, Salvipeptid und Nutricomp Peptid F. Manche Patienten tolerieren im späteren Verlauf auch hochmolekulare Trinknahrungen (Fresubin, Biosorb, Nutrodrip). Diese Aufzählung erhebt keinen Anspruch auf Vollständigkeit. Die manchmal am Durchfall beteiligten Gallensäuren werden durch orale Gabe von Colestyramin (Cuemid®, Quantalan®) gut beeinflußt.

Beim Dumping-Syndrom nach Magenresektionen handelt es sich um eine Sturzentleerung aus dem Restmagen in den Dünndarm. Dabei entwickeln sich kurz nach der Nahrungsaufnahme Symptome wie Schwindel, Schwitzen, Herzklopfen und Schwächegefühl („Kollaps"). Patienten mit diesen Beschwerden sollten das Essen im Liegen zu sich nehmen und häufig kleine Mahlzeiten essen, die aus wenig Flüssigkeit, ausreichend Eiweiß und Fett und wenig Zucker und süßer Milch bestehen. Die Gabe von Calcium carbonicum unterstützt diese Diätmaßnahmen.

Fortschritte der ernährungsphysiologischen, klinischen und epidemiologischen Forschung haben die Ernährungsempfehlungen und Diäten bei Magen-Darm-Erkrankungen auf besser gesicherten Boden gestellt. Viele früher streng durchgeführten Diätmaßnahmen haben sich als überflüssig erwiesen, einige wenige sind als therapeutisch gesichert und neu erkannt und entwickelt worden. Die neuen Ergebnisse epidemiologischer Beobachtungen über die Bedeutung von pflanzlichen Faser- oder Ballaststoffen haben Hinweise auf die wichtige Rolle von Ernährungsumstellungen für das Auftreten und für die Verhütung von Gallensteinen, verbreiteten und komplikationsreichen Darmerkrankungen wie Reizdarm, Divertikulose und Darmkrebs gegeben. Die sozialmedizinische Bedeutung solcher Ernährungsänderungen wird damit eindrücklich belegt. Die Zukunft wird zeigen, ob nicht auch bei anderen chronischen Darmerkrankungen solche zivilisationstypischen Ernährungsfaktoren ursächlich eine Rolle spielen.

Diät bei Durchfall (akute Enteritis)

Milde, reizarme Kost (Basisdiät „Blande Diät")

Im akuten Stadium ist eine völlige Nahrungskarenz bei ausreichender Flüssigkeitszufuhr in Form von Tee zu empfehlen. Das heißt, man sollte mindestens 2 Liter dünnen Tee über den Tag verteilt trinken. Viele Patienten bevorzugen Kamillentee.

Bei Wohlbefinden und sofern keine anderslautende ärztliche Anordnung vorliegt, kann die Kost allmählich, wie in den folgenden Diätplänen angeführt, erweitert werden. Vielfach bewähren sich zunächst Gaben kleinster Nahrungsmengen in zweistündigem Abstand.

Alle Nahrungsmittel, die Beschwerden verursachen, sind zu meiden. Das sind vor allem Gemüse, die zu Blähungen führen können, wie Kohl oder rohes Obst, mit Ausnahme von Äpfeln. Fettreiche, scharfe Speisen und scharfe Würzzutaten wie Meerrettich, Senf, Pfeffer und Paprika sowie Bohnenkaffee sollte man vorübergehend meiden.

Ist die reizarme Kost über längere Zeit erforderlich, muß sie vollwertig und ausgewogen, aber auch wohlschmeckend sein.

Empfohlen werden hierzu:

- Milch und Milchprodukte wie Butter, Quark und milder Käse
- Eier, weich gekocht, als Rühreier oder in Speisen
- mct-Fette (mittelkettige Triglyceride), Maiskeimöl und Sonnenblumenöl
- magere Fleischsorten, gekocht, gedünstet, gedämpft oder gegrillt
- mageres Geflügel ohne Haut, gekocht, gedämpft, gedünstet oder gegrillt
- Weißbrot, Toastbrot, Reis, Nudeln, Grieß und Haferflocken
- einfache Kekse, Biskuit und Rührkuchen
- Kartoffeln als Salz- und Pellkartoffeln oder als Kartoffelbrei zubereitet
- junge, zarte Gemüse, besonders Karotten, Spargelspitzen, Tomaten, Blumenkohlröschen, Sellerie, Spinat, Zucchini, gedämpft, gekocht, gedünstet
- reife Bananen, weiche Birnen, Äpfel als rohes Obst, andere Früchte als Kompott
- leichter schwarzer Tee, Kamillentee, Pfefferminztee und Milchgetränke.

Vermieden werden sollen:

- alle in Fett gebratenen, panierten und fritierten Speisen
- fette Fisch- und Fleischkonserven, Bratenkrusten, scharfe und fette Wurst- und Schinkensorten
- frische Backwaren, grobes Vollkornbrot, Konfekt und Nüsse
- unreifes Obst und Hülsenfrüchte.

Bei schweren Erkrankungen richtet sich die Kost nach den ärztlichen Anordnungen. Vielfach werden **Spezialpräparate** wie Peptiddiäten verordnet.

Diätpläne und Empfehlungen

Aufbaukost bei Durchfall (akute Enteritis)

Nach 1 bis 2 Tagen Teefasten

1. Tag

1. Frühstück	2–3 Tassen leichter schwarzer Tee 2–3 Stück Zwieback **oder** getoastetes Weißbrot
2. Frühstück	1 Tasse mild gesalzene Haferschleimsuppe
Mittagessen	1 Tasse Hafer- **oder** Reisschleimsuppe evtl. mit Zwieback **oder** Knäckebrot
Nachmittag	2–3 Tassen leichter schwarzer Tee **oder** Kamillen- oder Pfefferminztee 2–3 Scheiben Knäckebrot (20–30 g) mit 1 TL Butter (5 g)
Abendessen	1 Tasse Haferschleimsuppe mit 1–2 Scheiben Weißbrot **oder** 1 altbackenes Brötchen
zur Nacht	1–2 Tassen Kamillentee evtl. mit Zwieback **oder** Knäckebrot

Bei guter Verträglichkeit kann die Kost bereits am nächsten Tag erweitert werden. Wird nach ärztlicher Verordnung längere Zeit Tee, Schleimsuppe und Zwieback vorgeschrieben, können Sie etwas variieren:
Tee: leichter schwarzer Tee ohne Zucker, evtl. mit etwas Milch oder Magermilch, verschiedene Sorten Kräutertee im Wechsel, siehe Seite 13
Suppe: Reis- oder Haferschleimsuppe, klare, fettarme Bouillon beziehungsweise Fleischbrühe, nach Belieben mit gekochtem Reis oder Nudeln, leicht gesalzen
Brot: einfacher Zwieback, Weißbrot, altbackene Brötchen

Aufbaukost bei Durchfall (akute Enteritis)

2. Tag

1. Frühstück	2–3 Tassen Tee 2 Scheiben Toastbrot mit 1 TL Butter (5 g) 1–2 TL Apfelgelee
2. Frühstück	1 Becher Magermilchjoghurt 1 Scheibe Knäckebrot (10 g)
Mittagessen	klare Brühe **oder** Bouillon mit Reis, Nudeln **oder** Haferflocken gedämpfte **oder** gedünstete Karotten Kartoffelschnee **oder** Kartoffelbrei mit Magermilch Apfelmus **oder** Apfelkompott, **siehe Rezept Seite 79**
Nachmittag	2–3 Tassen Tee 1–2 Stück Zwieback **oder** einfache Kekse
Abendessen	evtl. klare Brühe **oder** Bouillon mit Reis, Nudeln oder Haferflocken 2 Scheiben Toastbrot **oder** 1 Brötchen mit 1 TL Butter (5 g) 1–2 Scheiben Lachsschinken **oder** ½ Ecke Doppelrahmfrischkäse Apfel- oder Birnenkompott, **siehe Rezept Seite 79**
zur Nacht	evtl. Tee und Zwieback

Aufbaukost bei Durchfall (akute Enteritis)

3. Tag

1. Frühstück	2–3 Tassen Tee 1–2 Scheiben Toastbrot 1 Scheibe Knäckebrot (10 g) 2 TL Butter (10 g) **oder** 2 EL Quark 1–2 TL Gelee oder Konfitüre (ohne Kerne)
2. Frühstück	1 Glas Karottensaft **oder** Magermilch (1/8 l) mit 1 EL Haferschmelzflocken (10 g)
Mittagessen	Gemüsecremesuppe (reizarm), **siehe Rezept Seite 34** gedünstetes Fleisch **oder** Forelle blau Salzkartoffeln oder Kartoffelbrei gedünstetes oder gedämpftes Gemüse nach Wahl Kompott
Nachmittag	2–3 Tassen Tee einfache Kekse **oder** Biskuit **oder** altbackene Brötchen mit 2 TL Butter (10 g) und Gelee
Abendessen	Getränk nach Wahl 1 weich gekochtes Ei **oder** 1/2 Ecke Schmelzkäse kaltes Geflügelfleisch **oder** Putenschinken **oder** magerer gekochter Schinken (30–50 g) Vollkorntoast **oder** Grahambrot

Die Kost dürfen Sie jetzt nach Verträglichkeit erweitern. Wählen Sie unter den **reizarmen** Gerichten in diesem Buch aus. Rohkost, Salate und rohes Obst sowie Grahambrot und Vollkorntoast sollten Sie nach dem 3. Tag verstärkt in den Speiseplan aufnehmen. Trinken Sie reichlich leichten schwarzen Tee, Kräutertee und Mineralwasser.

Diät bei Divertikulose, Reizdarm und Darmträgheit

Ballaststoffreiche Kost

Ballaststoffe sind Bestandteile pflanzlicher Nahrungsmittel, die von den Verdauungsenzymen nicht vollständig abgebaut werden. Sie liegen vorwiegend im Stützgewebe und den Zellwänden der Pflanzen. Tierische Nahrungsmittel enthalten keine Ballaststoffe.

Unsere Kost enthält täglich nur etwa 10 bis 12 Gramm Ballaststoffe. Durch den Genuß ballaststoffreicher Nahrungsmittel, möglichst in roher Form, können Sie die tägliche Ballaststoffzufuhr auf 40 bis 60 Gramm erhöhen.

Eine Zusammenstellung ballaststoffreicher und ballaststoffarmer Lebensmittel finden Sie auf der folgenden Seite.

Eine ausreichende Zufuhr an Ballaststoffen verhindert, daß der Stuhl im Darm zu fest wird, und sie ermöglicht dem Darm, ihn regelmäßig zu befördern. Die Aktivität des Darms wird erhöht. Der ballaststoffreiche Stuhl ist so weich, daß er ohne Pressen abgesetzt werden kann.

Reichen bei Darmträgheit die Ballaststoffe in der Kost nicht aus, können Sie zusätzlich Weizenkleie (mit dem höchsten Gehalt von 40 Gramm Ballaststoffen pro 100 Gramm) essen. Sie läßt sich sehr gut mit Joghurt mischen.

Neben einer ballaststoffreichen Ernährung helfen Ihnen folgende Tips gegen Verstopfung:

- Trinken Sie nüchtern 1 Glas Wasser, Bohnenkaffee oder Buttermilch oder essen Sie Joghurt.
- Auch rohes Sauerkraut mit etwas Öl gemischt, rohes beziehungsweise halbgares Gemüse können bei Verstopfung helfen.
- Frische Kräuter und ungeschältes Obst, Dörrobst (besonders Pflaumen), einige Eßlöffel Leinsamen, Kokosflokken, Mandeln oder Nüsse sind geeignet, um die Darmträgheit auf natürliche Weise zu bekämpfen. Beachten Sie jedoch, daß Nüsse viele Kalorien enthalten.

Bei **Divertikulitis**, einer akuten Entzündung der Divertikel, ist vorübergehend eine sehr ballaststoffarme, eventuell flüssig-breiige Kost oder parenterale (unter Umgehung des Magen-Darm-Kanals) Ernährung erforderlich.

Ballaststoffreiche Lebensmittel

Getreide und Getreideprodukte
Vollgetreide wie Weizen-, Roggen-, Gerste- und Haferkörner sowie Vollkorn- oder Naturreis und Buchweizen, Schrot und Flocken aus Vollgetreide, Weizenkleie und daraus hergestellte Produkte wie Kleiekekse, Kleiemüsli u. a., Vollkornmehl und daraus hergestellte Teigwaren wie Nudeln, Brot, Knäckebrot, Kekse und anderes Gebäck, Grahambrot u. a.

Gemüse
Hülsenfrüchte wie Bohnen, Erbsen und Linsen
Wurzelgemüse wie Rüben, Sellerie, Schwarzwurzeln und Meerrettich
Kartoffeln, Brokkoli, Kohl beziehungsweise Kraut, Zucchini, Paprika, Oliven, Gemüsemais, Lauch

Obst und Nüsse
Apfel und Birne mit Schale, Banane, Beerenobst wie Johannisbeeren, Stachelbeeren, Heidelbeeren, Brombeeren, Himbeeren
Trockenobst (sehr ballaststoffreich) aus Weintrauben (Rosinen), Feigen, Datteln, Pflaumen (Dörrpflaumen), Birnen
Kokosflocken, Haselnüsse, Mandeln, Edelkastanien (Maronen)

Ballaststoffarme Lebensmittel

Getreideprodukte
Weizenmehl Type 405 und 550, Stärkemehl und heller Grieß
Weißbrot und Brötchen
Nudeln und andere Teigwaren, Kuchen und Feingebäck aus hellem Mehl, polierter Reis, Corn-flakes

Gemüse
Tomaten, Gurken, Radieschen, junger Rettich, zarte Blattsalate, Spargel, Blumenkohl, Kürbis

Obst
Melonen, Trauben, Kirschen, Grapefruit

Alle tierischen Lebensmittel, wie Fleisch, Fisch, Wurst, Käse und andere Milchprodukte sowie Fett enthalten **keine** Ballaststoffe.

Diätpläne und Empfehlungen

Diät zur Umstellung auf ballaststoffreiche Kost bei Divertikulose und Reizdarm

1. Frühstück	Kaffee **oder** Tee evtl. mit Sahne oder Milch und Süßstoff 1 Grahambrötchen 1 Scheibe Weizenknäckebrot (10 g) 2 TL Butter oder Margarine (10 g) 1 Scheibe Schinken (30 g) **oder** 1 weich gekochtes Ei **oder** 1–2 EL Quark
2. Frühstück	100–200 g Obst nach Wahl
Mittagessen	Gemüsesuppe **oder** Rohkost **aus den Rezepten Seite 33 ff.** oder **70 ff.** mit dem Vermerk „ballaststoffreich" Fleisch-, Fisch- **oder** Eintopfgericht mit dem Vermerk „ballaststoffreich" Pellkartoffeln, Salzkartoffeln **oder** Vollkornreis bzw. Vollkornnudeln Kompott **oder** Dessert **aus den Rezepten Seite 74 ff.**
Nachmittag	1 Becher Joghurt oder Dickmilch **oder** 1 Apfel mit Schale oder 1 Karotte
Abendessen	1–2 Scheiben Graham- oder Vollkornbrot 2 TL Butter oder Margarine (10 g) 80–100 g kalter Braten oder kaltes Geflügelfleisch **oder** 1 Gericht **aus den Rezepten Seite 88 ff.** **dazu:** 1–2 Tomaten, Radieschen oder Rettich

Trinken Sie reichlich Tee, Mineralwasser, ungesüßte Fruchtsäfte, eventuell kalorienarme Milchgetränke.

Je nach Verträglichkeit beziehungsweise ärztlichem Rat sollten Sie Weizenkleie, eventuell gemischt mit geschrotetem Leinsamem, verzehren. Beginnen Sie mit 1 Teelöffel 3- bis 5mal über den Tag verteilt. Nehmen Sie dazu immer reichlich Flüssigkeit wie Joghurt, Milch oder Fruchtsaft zu sich. Erhöhen Sie Ihre Kleieportion allmählich auf 3 Eßlöffel.

Ballaststoffreiche Kost bei Divertikulose und Reizdarm

1. Frühstück	Kaffee **oder** Tee evtl. mit Sahne und Süßstoff 1–2 Scheiben Vollkornbrot 2 TL Butter oder Margarine (10 g) mit 1–2 TL Konfitüre 1 Scheibe Schinken **oder** Käse (30 g)
2. Frühstück	1 Becher Joghurt **oder** Dickmilch mit 1–2 TL Weizenkleie **oder** Obst nach Wahl
Mittagessen	Salat **oder** Rohkost **aus den Rezepten Seite 70 ff.** Fleisch, Geflügel **oder** Fisch **aus den Rezepten Seite 44 ff.,** evtl. reizarme Gerichte bevorzugen Kartoffeln, Vollkornreis **oder** Vollkornnudeln Gemüse **aus den Rezepten Seite 64 ff.** Dessert **aus den Rezepten Seite 74 ff.** **oder** Obst oder Kompott
Nachmittag	½ Portion Müsli nach Wahl, **Rezept Seite 95** Kaffee **oder** Tee, evtl. mit Sahne oder Süßstoff 1 Vollkornbrötchen **oder** 1 Scheibe Vollkornbrot mit 1 TL Butter oder Margarine (5 g) 1–2 Scheiben Wurst oder Schinken (30 g)
Abendessen	Salat **oder** Rohkost **aus den Rezepten Seite 70 ff.** Pell- oder Folienkartoffeln mit angemachtem Quark **oder** kleine Gerichte **aus den Rezepten Seite 88 ff.** mit Graham- oder Vollkornbrot

dazu: reichlich Tee oder Mineralwasser, evtl. 1–3 EL Weizenkleie, auch gemischt mit 1 EL geschrotetem Leinsamen in Joghurt oder Fruchtsaft, über den Tag verteilt

Ballaststoffreiche Kost bei Darmträgheit (Verstopfung)

1. Frühstück	Kaffee evtl. mit Sahne **oder** Tee mit Zitronensaft 1–2 Scheiben Leinsamenbrot **oder** 1 Vollkornbrötchen 2 TL Butter oder Margarine (10 g) 100 g Magerquark, angerührt mit 50–100 ml Buttermilch evtl. 1–2 TL Diabetikerkonfitüre
2. Frühstück	⅛ l Buttermilch **oder** 1 Becher Joghurt 1–2 Scheiben Roggenknäckebrot **oder** Obst nach Wahl
Mittagessen	Salat **oder** Rohkost **aus den Rezepten Seite 70 ff.** Fleisch-, Fisch- **oder** Eintopfgericht **aus den Rezepten Seite 44 ff.**, mit dem Vermerk „ballaststoffreich" Gemüse nach Wahl Vollkornreis **oder** Vollkornnudeln **oder** Pellkartoffeln Obst nach Wahl
Nachmittag	Kaffee evtl. mit Sahne Vollkorngebäck **oder** Vollkornbrot mit 1 TL Butter (5 g)
Abendessen	1–2 Scheiben Vollkornbrot kalter Braten **oder** Wurst **oder** Käse nach Wahl Salat **oder** Tomaten, Radieschen **oder** Rettich mit viel Schnittlauch

dazu: reichlich Mineralwasser, 1–2 eingeweichte Dörrpflaumen zum Frühstück oder nach dem Abendessen, jeden Tag Obst (außer Bananen)
Merke: Essen Sie Kuchen nur in Ausnahmefällen, bevorzugen Sie bei der ballaststoffreichen Kost Vollkorngebäck.

Diät bei einheimischer Sprue (Zöliakie)

Glutenfreie Kost

Bei dieser Diät müssen alle glutenhaltigen Nahrungsmittel und die daraus hergestellten Speisen gemieden werden.

Ungeeignet sind deshalb:
Weizen, Hafer, Roggen, Gerste, daraus hergestelltes Mehl, Schrot oder Flocken, Grieß, Semmelbrösel (Paniermehl).
Alle Teigwaren, wie Nudeln, Spätzle, Strudelteige, und alle Backwaren wie Brot, Kuchen, Kekse und Plätzchen, die aus oben genannten Mehlen hergestellt wurden. Alle Fertiggerichte, die auch nur Spuren von Mehl enthalten (Trockensuppen, Malzkaffee, Ovomaltine, Lakritzen, Pralinen und Bier).
Vorsicht ist auch geboten bei Brühwürsten, Pasteten und Leberwurst, Mayonnaise, verschiedenen Schokoladesorten und Konfekt.
An Stelle der Getreidesorten und -produkte gibt es für diese Kostform **kleberfreie Spezialmehle** sowie daraus hergestellte Teig- und Backwaren. Eine Liste aller glutenfreien diätetischen Lebensmittel erhalten Sie bei der

Deutschen Zöliakie-Gesellschaft e. V.
– Gemeinnütziger Verein –
Ganzenstraße 13
7000 Stuttgart 80.

In der Küche kann außerdem Speisestärke aus Kartoffeln, Reis, Weizen und Mais verwendet werden. Näheres dazu siehe Kapitel „Gebackenes", Seite 80 ff.
Kleberfreie Getreide sind Reis, Mais, Buchweizen und Hirse; kleberfrei sind außerdem Sojabohnen und Edelkastanien (Maronen).

Merke:
Lesen Sie bei Fertigprodukten sehr aufmerksam die Zutatenliste auf den Verpackungen. Fragen Sie bei Unklarheiten immer beim Hersteller nach, oder wenden Sie sich an die Deutsche Zöliakie-Gesellschaft e. V. (Adresse siehe oben). Alle glutenfreien Produkte sind mit dem Zeichen der Ähre gekennzeichnet.

= Zeichen für Glutenfreiheit

Ratschläge zur Einhaltung einer glutenfreien Diät

Die folgenden Ratschläge gelten für Berufstätige und Essen außer Haus sowie für die Eltern zöliakiekranker Kinder.

- Informieren Sie Ihre Familie, Freunde, Vorgesetzten, Kollegen und Lehrer über Ihre Diätvorschriften, damit man Ihnen bei Familienfesten, Betriebsfeiern und sonstigen gemeinsamen Unternehmungen Verständnis entgegenbringt und Sie über die Zubereitung von Speisen informiert.
- Besprechen Sie, sofern das möglich ist, Ihre Diät mit der Kantinenleitung oder dem Vertragsgasthaus. Ist es nicht möglich, Ihre Kost gesondert zuzubereiten, müssen Sie sich Ihr Essen von zu Hause mitbringen.
- Wählen Sie im Restaurant gegrillte Fleischgerichte ohne gebundene Soße oder Fisch blau mit Salaten. Vorsicht bei gebundenen Gemüsegerichten.
- Unbesorgt können Sie Schinken oder kalten Braten essen. Auch Fleisch- und Schinkensülzen, Zungenwurst und Salami sind neben den glutenfreien Wurstwaren geeignet. Alle Käsesorten sind erlaubt.
- Nehmen Sie Ihr eigenes Brot für den Urlaub im Hotel mit. Da es nicht sehr lange haltbar ist, sollten Sie auch glutenfreies Waffelbrot, glutenfreies Knäckebrot, glutenfreien Zwieback und glutenfreie Kekse mitnehmen.
- Beim Sporttreiben (Wanderungen, Schwimmen, Skifahren) sollten Sie zwischendurch Obst und glutenfreies Gebäck essen.
  Kandierte oder getrocknete Früchte sowie selbst hergestelltes Makronengebäck ohne Oblaten sind ebenfalls glutenfrei.
- Eltern zöliakiekranker Kinder müssen alle Betreuer wie Kindergärtnerinnen, Lehrer, Eltern der Spielkameraden, alle Verwandten und Freunde darauf hinweisen, wie wichtig es ist, die glutenfreie Diät einzuhalten.
- Beim Einkauf von Nahrungsmitteln ist auf das Symbol der Glutenfreiheit zu achten. Alle Nahrungsmittel mit diesem Kennzeichen, die über den Handel besorgt werden, können Sie ohne Bedenken für die glutenfreie Kost verwenden.

Diätpläne und Empfehlungen

Glutenfreie Kost für ein 6- bis 8jähriges Schulkind

1. Frühstück	Kräutertee **oder** fettarme Milch (1,5% Fett) bzw. Kakao, nach Belieben gesüßt 1–2 Scheiben glutenfreies Brot 1 EL Butter oder Diätmargarine (10 g) 30 g Quark **oder** glutenfreie Wurst bzw. Fleischaufschnitt 1 EL Konfitüre oder Gelee (20 g)
2. Frühstück	1 Stück Obst, mittelgroß (150 g) dazu glutenfreies Gebäck nach Belieben
Mittagessen	Suppe **aus den Rezepten Seite 33 ff.** mit dem Vermerk „glutenfrei" ¼ Brathuhn **oder** 100 g Fleisch **oder** Fisch Kartoffelbrei Salat **aus den Rezepten Seite 70 ff.** **oder** Gemüse **aus den Rezepten Seite 64 ff.** Kompott **oder** 150 g glutenfreier Pudding
Nachmittag	Kräutertee **oder** Fruchtsaft glutenfreies Gebäck **oder** glutenfreies Brot mit 1 TL Butter (5 g) **oder** Obst
Abendessen	1 Becher Joghurt (150 g) 1 weich gekochtes Ei **oder** 30 g Käse **oder** Schinken 1–2 Scheiben glutenfreies Brot 1 EL Butter oder Diätmargarine (10 g)

Merke:
Die Mahlzeiten können untereinander ausgetauscht und die Portionsgrößen individuell angepaßt werden. – Vorsicht beim Naschen.
Als Getränke sind **nicht** geeignet: Malzkaffee, Ovomaltine und Nährbier.
Als Frühstücksflocken sind nur Corn-flakes, Puffreis beziehungsweise Reiscrispies von Markenfirmen oder glutenfreies Diätmüsli geeignet. Auf dem Jahrmarkt dürfen die Kinder Popcorn und Zuckerwatte naschen.

Glutenfreie Kost für Erwachsene

1. Frühstück	Tee, Bohnenkaffee mit Zucker und evtl. Sahne **oder** fettarme Milch (1,5%) 2–4 Scheiben glutenfreies Brot 1 EL Butter oder Diätmargarine (10 g) 50 g Quark, Käse **oder** Schinken 1 EL Konfitüre, Gelee **oder** Honig (20 g)
2. Frühstück	1 Becher Joghurt (150 g) 3–4 Stück glutenfreie Kekse **oder** Obst nach Wahl
Mittagessen	Fleischbrühe mit Gemüse, Reis **oder** Eiereinlauf 150 g Steak oder Schnitzel **oder** Fisch **oder** Geflügel 150 g Salzkartoffeln **oder** Reis **oder** glutenfreie Nudeln Gemüse **oder** Salat 150 g Obst **oder** Kompott **oder** glutenfreier Pudding
Nachmittag	Tee **oder** Bohnenkaffee mit Zucker und evtl. Sahne 1–2 Stück glutenfreies Gebäck **oder** Obst der Jahreszeit
Abendessen	kleine Gerichte **aus den Rezepten Seite 88 ff.** **oder** 40–60 g Schinken, kalter Braten oder Käse 1-2 Stück Essiggurke 100 g Tomaten, Rettich oder Radieschen 2–3 Scheiben glutenfreies Brot (20 g) 1 EL Butter oder Diätmargarine (10 g)

Merke:
Die Auswahl an Obst und Gemüse müssen Sie der individuellen Verträglichkeit anpassen. Blähende Sorten, wie Hülsenfrüchte, Kohl, Kraut und Chicorée, müssen von vielen Kranken gemieden werden. Sollten Sie kein rohes Obst vertragen, bereiten Sie es als Kompott zu. Fleisch sollte möglichst mager sein und gekocht oder gegrillt werden. Die Fettzugabe wird erst nach dem Garprozeß empfohlen.
mct-Fette, ceres-Speiseöl und ceres-Margarine sowie becel-Margarine wurden besonders empfohlen. Essen Sie Butter nach ärztlicher Erlaubnis.

Diät bei Dünndarmresektion

Milde, reizarme, hochkalorische Kost

Ist der Dünndarm durch eine Operation verkürzt, sollten Sie in der Kost alles vermeiden, was eine Passage des Speisebreies im Darm beschleunigt.
Man gibt eine **reizarme Diät** (ähnlich wie bei Durchfall) **angereichert mit Kalorien** und ißt sie in vielen kleinen Mahlzeiten über den Tag verteilt.
Da die Diätvorschriften über eine lange Zeit eingehalten werden müssen, ist die Kost sehr sorgfältig zusammenzustellen. Patient, Arzt und Koch müssen gut zusammenarbeiten. Manchmal können die Vorschriften nach einiger Zeit gelockert werden, wenn der Darm sich angepaßt hat.
Die tägliche Fettzufuhr ist auf ein Drittel der üblichen Tagesmenge, das heißt auf 40 bis 50 g einzuschränken. Die Fettzufuhr erfolgt am besten mit mittelkettigen Triglyceriden (mct-Fett). Da viele Nahrungsmittel von Natur aus Fett enthalten, bleiben für Streichfette nur 5 bis 10 g pro Tag übrig. Es soll alles möglichst fettarm bzw. fettfrei gekocht, vor allem gedämpft werden. Hierbei helfen beschichtete Pfannen, der Römertopf, Alu- oder Bratfolie, schmackhafte Gerichte zuzubereiten. Nach dem Kochen kann eine Messerspitze Diätmargarine (mct-Fett) oder ein Teelöffel Diätöl (mct-Öl) hinzugefügt werden. Beim Kauf von Fleisch, Wurst und Geflügel ist auf magere Sorten zu achten. Alles sichtbare Fett muß vor der Zubereitung entfernt werden. Suppen und Soßen lassen sich durch Auflegen von Küchenkrepp leicht entfetten. Milch und Milchprodukte können Sie je nach ärztlicher Erlaubnis und eigener Verträglichkeit verzehren. Dann eignet sich auch süß oder pikant zubereiteter Magerquark, den man auf Brot, Knäckebrot oder Zwieback streichen kann. Es muß auf ausreichende Zufuhr von Vitaminen, Eisen und Calcium geachtet werden.
Die Rezepte für eine **ballaststoffreiche Kost** (in diesem Buch mit „ballaststoffreich" gekennzeichnet) sind für Patienten mit Dünndarmresektion meist **nicht** geeignet. Ebenso sollten keine grob zerkleinerten rohen Gemüse, keine Nüsse und kein Vollkornbrot gegessen werden.
Viele Patienten erhalten in der Klinik **Spezialdiäten**, die besonders leicht zu resorbieren, das heißt vom Darm aufzunehmen sind. Oft müssen diese zu Hause längere Zeit weitergeführt werden. Sie beruhen nicht alle auf dem gleichen Prinzip, deshalb sollte der Patient sie nicht eigenmächtig wechseln.
mct-Fett als Margarine oder Öl können Sie bestellen bei:

Union
Deutsche Lebensmittelwerke GmbH
Postfach 51 10 20
2000 Hamburg 50

Diätpläne und Empfehlungen

Reizarme, milde, hochkalorische Kost

7 Uhr	1 Tasse Tee oder Kräutertee, evtl. mit Traubenzucker 1–2 Scheiben Toastbrot mit 1 TL mct-Margarine 1–2 TL Gelee oder Konfitüre (10–20 g)
9 Uhr	1–2 Scheiben Weizenknäckebrot mit 1 Scheibe Putenschinken (30 g) **oder** 1–2 EL Hüttenkäse (30 g)
11 Uhr	1 Becher Magermilchjoghurt (150 g) mit 1 EL Haferschmelzflocken (10 g) und 100 g Obst
13 Uhr	½ Portion eines Fleisch-, Fisch- **oder** Geflügelgerichtes **aus den Rezepten Seite 44 ff.** mit dem Vermerk „reizarm" **oder** ½ Portion eines Eintopfgerichtes ½ Portion Kartoffelpüree oder Salzkartoffeln **oder** ½ Portion Reis oder Nudeln
15 Uhr	1 Tasse Tee oder Kräutertee, evtl. mit Traubenzucker 1 Stück Sandkuchen **oder** 4–5 Haferkekse
17 Uhr	1 Glas Gemüsesaft (150 ml) 3–4 Haferkekse **oder** 1 Scheibe Grahambrot **oder** 1 Glas Fruchtsaft mit 1–2 EL Haferschmelzflocken
19 Uhr	1 Scheibe kalter Braten **oder** Putenschinken **oder** magere Sülze (30–50 g) 1 Scheibe Camembert oder Tilsiter Käse (30 g) 1 geschälte, kleine Tomate (50 g) 1–2 Scheiben Toastbrot mit 1 TL mct-Margarine
21 Uhr	½ Portion Suppe mit dem Vermerk „reizarm" 1–2 Scheiben Weizenknäckebrot oder Grahambrot **oder** 1 kleine Banane **oder** 1 Portion Kompott

Merke:
Zur Kalorienanreicherung nehmen Sie Maltodextrin oder „Astronautenkost".

Diät bei Dumping-Syndrom

Auswahl der Kost nach Verträglichkeit in häufigen kleinen Mahlzeiten

Folgende Grundregeln sollten Sie dabei beherzigen:

- Mindestens alle zwei Stunden essen
- zu den Mahlzeiten wenig Flüssigkeit trinken
- bei Durst zwischen den Mahlzeiten wenig trinken
- möglichst wenig Zucker und Frischmilch verwenden.

Der Patient merkt sehr rasch selbst, was er am besten verträgt. Wenn die Mahlzeiten im Liegen eingenommen werden, sind die Beschwerden erfahrungsgemäß am geringsten. Wegen der Zwischenmahlzeiten genügt es, zu den Hauptmahlzeiten halbe Portionen zu essen.

Als Fett eignet sich Margarine aus mittelkettigen Fettsäuren, sogenannte **mct-Margarine,** beziehungsweise **mct-Öl** (medium chain triglyceride), in Deutschland als „ceres" im Handel (siehe dazu auch Seite 26).

Für eine Mahlzeit genügt 1/8 Liter Flüssigkeit. Dazu eignen sich Tee, Kaffee, eventuell mit etwas Milch verdünnt, Bouillon, Fruchtsaft, Bier oder Mineralwasser ohne Kohlensäure.

Suppen sind zu meiden, wenn Sie zur Mahlzeit ein Getränk zu sich nehmen. Andernfalls ist eine halbe Portion (1/8 Liter) ausreichend.

Zum Süßen verwendet man einen beliebigen Süßstoff.

Für die nötigen Ballaststoffe sorgt gekochtes oder sehr fein geriebenes rohes Gemüse. Obst sollten Sie zusammen mit Knäcke- oder Grahambrot essen.

Grahambrot, Grahamsemmeln, nicht zu frisches Graubrot, Weißbrot und lockeres Hefegebäck sind schwerem Vollkornbrot, frischem Bäckerbrot und Kuchen vorzuziehen.

Vollmilch darf den Speisen in kleinen Mengen zugesetzt werden, als Getränk ist Milch jedoch bei einem **Dumping-Syndrom** ungeeignet. Dagegen können Quark und Käse in vielen Formen die Mahlzeiten abwechslungsreich gestalten und werden gut vertragen.

Für die Kost bei **Dünndarmresektion** und **Dumping-Syndrom** sind je nach Verträglichkeit alle glutenfreien Rezepte sowie alle Rezepte mit dem Vermerk **reizarm** geeignet. Hier sind meist schon kleine Portionen ausreichend; nehmen Sie von den angegebenen Mengen jeweils nur die Hälfte oder teilen Sie das Gericht.

Die im folgenden Diätplan angegebenen Mahlzeiten können Sie unter Einhaltung der empfohlenen Mengen untereinander austauschen.

Auswahlessen können je nach Verträglichkeit aus dem Rezeptteil gewählt werden. Ballaststoffreiche Gerichte sind besonders in den ersten Wochen nach der Magenoperation ungeeignet.

Diätplan und Empfehlungen

Kost bei Dumping-Syndrom

7 Uhr	1 Tasse Kaffee **oder** Tee evtl. mit Milch und Süßstoff 1 Scheibe Grahambrot mit 1 TL mct-Margarine (5 g) 1–2 Scheiben Kalbfleischwurst (20 g)
9 Uhr	1 kleiner Apfel (100 g) 1 Scheibe Knäckebrot mit 1–2 EL Hüttenkäse (30–50 g)
11 Uhr	1 Becher Joghurt (150 g) 1 Scheibe Grahambrot mit 1 TL mct-Margarine (5 g)
13 Uhr	½ Portion eines Fleisch-, Fisch- **oder** Geflügelgerichtes **aus den Rezepten Seite 44 ff.** mit dem Vermerk „reizarm“ **oder** eine halbe Portion eines Eintopfgerichtes ½ Portion Beilagen nach Wahl ½ Dessert, gesüßt mit Süßstoff
15 Uhr	Kompott, gesüßt mit Süßstoff und 4 Haferkekse (20 g)
17 Uhr	1 Tasse Tee evtl. mit Milch und Süßstoff 1 Scheibe Vollkorntoast mit 1 TL mct-Margarine (5 g) 1 Scheibe Schinken (20–30 g)
19 Uhr	2–3 EL angemachter Quark (80–100 g) 1 Scheibe Schinken- **oder** Putensülze **oder** Aufschnitt 1–2 Scheiben Toastbrot oder Vollkorntoast **oder** 1 Scheibe Grahambrot mit 1 TL mct-Margarine (5 g) 1 kleines Glas Bier (⅛ l)
21 Uhr	½ Banane (50 g) **oder** 1 kleine Portion Obst nach Wahl **oder** Kompott **oder** 1–2 EL angemachter Sahnequark mit 1 Scheibe Weizenknäckebrot

Diät bei Disaccharidasemangel und Morbus Crohn

Bei der Diät bei Disaccharidasemangel ist eine **milchfreie Kost** erforderlich. Patienten mit dieser Krankheit fehlt ein Enzym (Lactase) im Darm, welches den Milchzucker (Lactose) abbaut. Dadurch entsteht eine Unverträglichkeit von Milchzucker. Deshalb sind Milch und der größte Teil der Milchprodukte in der Kost auszuschalten.

Da nicht alle Teile der Milch Milchzucker enthalten, können Sie Produkte aus reinem Milchfett wie Butter und Butterschmalz verwenden.

In den Rezepten angegebene Milchmengen können durch Wasser oder Brühe ersetzt werden. Speisen aus Quark und Joghurt sind nicht erlaubt.

Vorsicht ist geboten bei Backwaren wie Knäckebrot, Weißbrot, Milchbrötchen, Kuchen und Keksen.

Manche Wurstsorten wie Leberwurst oder Brühwürste enthalten geringe Mengen Milch.

Fragen Sie, besonders bei Fertiggerichten, im Zweifelsfalle beim Hersteller nach. Völlig unbedenklich sind Grahambrot, Mischbrot, Obst und Gemüse, Fleisch, Fisch und Geflügel.

Die Ernährung bei **Morbus Crohn** wird der individuellen Verträglichkeit des Patienten angepaßt. Manchmal muß die Kost milchfrei sein. Wenn das Milchfett – also Butter – gut vertragen wird, ist sie neben mct-Fett, das eventuell unverzichtbar ist, das einzig erlaubte Fett.

Eine gluten- (siehe Seite 22) oder gliadinfreie Kost wird von manchen Patienten besser vertragen.

Nach akuter Krankheit, die in Schüben auftreten kann, wird eine Diät in vier Stufen gegeben:

Stufe 1: Sondennahrung während der akuten Phase.

Stufe 2: Nach der Sondennahrung eignet sich eine Aufbaukost in kleinsten Portionen. Sie ist zuerst reizarm, ballaststoff- und laktosefrei und wird nur so lange wie nötig eingehalten. Speisen und Mengen richten sich nach der individuellen Verträglichkeit.

Stufe 3: Eine ballaststoffarme, reizarme, leichte Kost, der eigenen Verträglichkeit angepaßt, schließt sich an. Eventuell ist sie gluten- und gliadinfrei, das heißt alle Rezepte mit dem Vermerk „glutenfrei“ und „reizarm“ in dem Buch sind geeignet.

Stufe 4: Ist die Diät, die jeder Patient zu Hause weiterführen muß. Oft wird eine milchfreie Kost besser vertragen. Die Ernährung sollte nun ballaststoffreicher sein, das heißt auch reichlich Obst und Gemüse enthalten. Von vegetarischer Kost wird abgeraten, da sie nicht ausreichend Eiweiß und Eisen enthält. Die Diät bei Morbus Crohn ist eine schmackhafte, abwechslungsreiche und kalorienangereicherte Ernährung, die ohne wesentliche Verbote auskommt.

Empfehlungen zum Kochen

- Würzen Sie die Speisen stets mild, und beachten Sie die Geschmackswünsche des Patienten.
- Meiden Sie scharfe Gewürze.
- Verwenden Sie frische Kräuter, vor allem Dill, Petersilie, Basilikum, Estragon und Salbei. Getrocknete Kräuter können Sie gut bei Fleisch- und Gemüsegerichten mitkochen.
- Ein gutes Aroma erhalten Ihre Speisen auch durch Mitkochen von Lorbeerblatt, Gewürzkörnern, Suppengrün, einem Stückchen Zitronenschale oder einer Zitronenscheibe (besonders bei Fisch und Geflügel). Sie werden nach dem Kochen entfernt.
- Kochen Sie möglichst immer frisch, und servieren Sie die Speisen sofort nach der Zubereitung. Langes Warmhalten der Gerichte ist nicht empfehlenswert.
- Meiden Sie Reste! Wenn doch einmal etwas übrig bleiben sollte, bewahren Sie die Speisen mit peinlichster Sauberkeit, abgedeckt, in kleinen Gefäßen und kühl auf. Bei der Zubereitung dann gründlich erwärmen.
- Vorsicht bei Tiefgefrorenem!
  Hier sind bakterielle Überwucherungen weitaus höher als bei normal zubereiteter Kost – und nicht sichtbar. Gefahren entstehen vor allem bei fehlerhaften Gefriergeräten, unterbrochener Kühlkette oder bei nicht einwandfreien Lebensmitteln.
- Sie können mit Alufolie und Bratbeutel sehr schmackhaft und schonend kochen. Backpapier hilft, unnötiges Fett in der Diät einzusparen.
- Auch das Dampfgaren in gut schließenden Töpfen oder Siebeinsätzen ist besonders für das schonende Garen zu empfehlen.
- Langsames, längeres Kochen oder Dünsten mit wenig Flüssigkeit bei milder Hitze macht viele Speisen wie Fleisch und Suppen bekömmlicher.
- Für die **reizarme Kost** sind die Rezepte mit dem Vermerk „ballaststoffreich" meist nicht geeignet.
- Für die **ballaststoffreiche Kost** können Sie alle Rezepte in diesem Buch verwenden. Bevorzugen Sie aber diejenigen mit dem Vermerk „ballaststoffreich".
- Für die **glutenfreie Diät** können Sie alle Rezepte mit dem Vermerk „glutenfrei" verwenden. Beachten Sie auch die Zusatzbemerkungen am Ende einiger Rezepte. Oft können Sie Speisestärke oder glutenfreies Diätmehl anstelle des Mehles zum Binden einsetzen.

  Achtung! Alle Küchengeräte, wie Siebe und Löffel, müssen Sie immer sorgfältig reinigen, nachdem sie mit Mehl in Berührung gekommen sind.

Jetzt wird gekocht

Was Sie vorher wissen sollten:

- Die Mengen in den Rezepten gelten jeweils für 1 Person, falls nicht anders angegeben. Dies gilt nicht für Backwaren.
- Die Nährwertangaben beziehen sich **immer auf 1 Portion** bzw. 1 Stück. Ist die Menge zu reichlich, dann teilen Sie das Gericht in mehrere Portionen, wie bei einigen Kostformen empfohlen.
- Die in den Rezepten angegebenen Mengen sind der **kochfertige Anteil:** Obst und Gemüse ohne Schale und Kerne, Fleisch ohne Knochen, befreit von sichtbarem Fett.
- Verwenden Sie Fleisch, Wurst, Obst, Gemüse und Milchprodukte immer so frisch wie möglich.
- Auf scharfe Gewürze wie Chili, Cayennepfeffer, Pfeffer und Paprika sollten Sie verzichten.

Praktische Mengenangaben:

1 Tasse Flüssigkeit = 125 ml (ccm) = ⅛ l

1 kleiner Apfel = 100 g

1 mittelgroße Orange geschält = 130 g

1 Kartoffel, hühnereigroß = 60 g

1 EL Öl = 10 g

1 EL Mehl, Grieß, Zucker gehäuft, gefüllt in Großmutters Besteck = 30 g

1 EL Mehl, Grieß, Zucker gehäuft, gefüllt in modernes Eßbesteck = 20 g

1 TL Öl oder

1 TL Mehl, Grieß, Zucker gehäuft, gefüllt = 5 g

½ Hotelpäckchen Butter = 10 g

Abkürzungen:

EL	= Eßlöffel	**ml**	= Milliliter (ccm)
TL	= Teelöffel	**g**	= Gramm
Pr.	= Prise	**E**	= Eiweiß
Msp.	= Messerspitze	**F**	= Fett
St.	= Stück	**KH**	= Kohlenhydrate
geh.	= gehäuft	**kcal**	= Kilokalorien
l	= Liter	**kJ**	= Kilojoule

Suppen

Für die **strenge, reizarme Diät** nach ärztlicher Anweisung können Sie Haferschleimsuppe zum Beispiel mit Haferschmelzflocken, Reisschleimsuppe (glutenfrei) oder Bouillon mit Einlagen, wie Reis, Nudeln oder Eigelb, zubereiten.
Geben Sie immer etwas Salz und, falls erlaubt, Suppenwürze oder püriertes Gemüse in die entfettete Brühe, die Sie aus Fleisch und Suppenknochen oder aus Instantbrühe zubereiten können.

Meist sind bei reizarmer Diät kleine Portionen von 100–200 ml ausreichend.
Für die **glutenfreie Diät** können Sie Fleisch, Gemüse, Reis oder glutenfreie Suppeneinlagen beliebig verwenden. Portionsgrößen sind bei dieser Kost nicht vorgeschrieben.
Bei der **ballaststoffreichen Kost** sollte Gemüse in der Suppe nicht fehlen. Besser ist es jedoch, bei Vorspeisen auf Rohkost und Salat überzugehen.

Suppeneinlagen für ¼ l klare Brühe

- **glutenfrei:**
  20 g Reis, Naturreis oder Reisflocken
  20–25 g glutenfreie Diätnudeln
  20 g Maisgrieß
  20–50 g Gemüse nach Wahl
  1 Ei, Eigelb oder gekochtes Rind-, Hühner- oder Kalbfleisch

- **reizarm:**
  10–20 g Haferschmelzflocken
  20–25 g Suppennudeln
  1–2 Grießnockerl
  1 Eigelb
  1 kleines Ei für Suppeneinlauf
  25 g geröstetes Weißbrot in Würfeln
  30–50 g gekochtes Rind-, Hühner- oder Kalbfleisch

- **ballaststoffreich:**
  20–30 g Naturreis
  20–30 g Vollkornnudeln
  Gemüse nach Wahl
  dazu reichlich Petersilie und Schnittlauch

Merke:
Reduzieren Sie bei kleineren Suppenportionen entsprechend die Menge der gewählten Einlage.

Suppeneinlage aus Brandteig

E 7,5 g	F 10 g	KH 17 g
kcal 190	kJ 795	

glutenfrei

Für 4 Portionen
150 ml Wasser
2 EL Butter oder Margarine (20 g)
je 1 Pr. Salz, Muskatnuß, Paprikapulver
80 g glutenfreies Fertigmehl
2 Eier, Gewichtsklasse 3
40 g fein geriebener Parmesankäse

Das Wasser mit Butter oder Margarine, Salz, Muskatnuß und Paprikapulver in einem kleinen Topf aufkochen lassen. Vom Feuer nehmen, und das Fertigmehl auf einmal dazugeben. Sofort wieder auf den Herd stellen und kräftig rühren, bis sich ein geschmeidiger Teigkloß vom Topfboden löst. Nun den Teig leicht abkühlen lassen.

Die Eier einzeln nacheinander unter die warme Teigmasse rühren und zuletzt den Parmesankäse untermischen. Mit dem Spritzbeutel oder 2 Teelöffeln haselnußgroße Teigtupfer auf ein mit Backpapier belegtes Blech setzen und bei 200°C 35 Minuten backen. Nach dem Abkühlen portionieren und, wenn nötig, sachgerecht einfrieren.

Tip

Dieser Brandteig eignet sich gut für kleine Windbeutel, die man mit einer Käse- oder Quarkmasse füllen kann. Nehmen Sie dafür das doppelte oder dreifache Rezept.

Gemüsecremesuppe

E 3 g	F 4 g	KH 12 g
kcal 100	kJ 420	

reizarm

75 g zartes Sommergemüse, in kleinen Stücken (Möhren, Blumenkohl, Fenchel, Spinat, Spargelspitzen)
1/8–1/4 l mild gewürzte Brühe
1 Pr. Muskatnuß
evtl. 1 Pr. gemahlener Fenchel
1 EL Mehl (10 g) oder Kartoffel- oder Haferschmelzflocken
1 TL Butter oder Margarine (5 g)
oder 20 g süße Sahne

Das Gemüse in der Brühe weich kochen. Die Suppe passieren oder im Mixer pürieren, mild mit den Gewürzen abschmekken und mit angerührtem Mehl, Kartoffel- oder Haferschmelzflocken binden. Zuletzt mit Butter, Margarine oder Sahne verfeinern.

Variation

Die eilige Hausfrau kann diese Suppe mit Gemüse aus dem Glas, das als Babynahrung angeboten wird, und Brühe in wenigen Minuten zubereiten. Besonders bei Diäten bei Durchfall haben sich hier Karottenbreie (Babynahrung) bewährt.

Reissuppe „griechische Art“

E 8,5 g	F 6 g	KH 16 g
kcal 160	kJ 670	

glutenfrei und reizarm

- ¼ l entfettete Hühnerbrühe
- 20 g Reis (Rundkorn oder Aboriorreis)
- 1 kleines Ei
- 2 TL Zitronensaft

Die Brühe zum Kochen bringen, den Reis hinzugeben und 20 Minuten sehr weich kochen.

Das Ei mit Zitronensaft verquirlen und nach und nach 5 Eßlöffel heiße Suppe dazugeben. Diese Mischung in die Suppe gießen und diese vorsichtig unter Rühren wieder erhitzen, aber nicht kochen lassen.

Möhrensuppe mit Orangensaft

E 1,5 g	F 14 g	KH 13,5 g
kcal 190	kJ 795	

glutenfrei und ballaststoffreich

1 mittelgroße Möhre (75 g), in Scheiben
½ Zwiebel (20 g), in Ringen
1 EL Butter oder Margarine (10 g)
200 ml Gemüsebrühe
50 ml Orangensaft
1 Pr. Salz
1 Pr. Pfeffer
1½ EL süße Sahne (20 ml)
zum Garnieren etwas Schale einer unbehandelten Orange, in feinsten Streifen

Die Möhre und die Zwiebel in Butter oder Margarine bei niedriger Hitze leicht andünsten. Nun die Brühe hinzugießen und etwa 15 Minuten köcheln lassen. Die Suppe anschließend nach Belieben pürieren. Den Orangensaft angießen, würzen und die Suppe mit Sahne abschmecken. Nebenbei die Orangenschalenstreifen in etwas Wasser ein paar Minuten weich kochen, gut abtropfen lassen und auf die angerichtete Suppe streuen.

Tip

Um Orangen- und Zitronenschalen in feinste Streifen zu schneiden, gibt es den Zestenschneider (siehe Foto). Sie können die Schale aber auch mit einem Messer hauchdünn abschälen und fein schneiden.

Petersilienschaumsuppe

E 2 g	F 11 g	KH 3,5 g
kcal 125	kJ 525	

glutenfrei und ballaststoffreich

¼ Zwiebel (10 g), in Würfeln
1 TL Butter oder Margarine (5 g)
50 g Petersilienwurzeln, in Scheiben
200 ml entfettete Brühe
2–3 Tropfen Zitronensaft
1½ EL süße Sahne (20 g)
kleine Petersilienblättchen

Die Zwiebel in Butter oder Margarine andünsten, die Petersilienwurzeln und Brühe hinzufügen. Zusammen kräftig kochen lassen, bis das Gemüse weich ist. Dann Zitronensaft und Sahne hinzugeben und die Suppe mit dem Pürierstab oder im Mixer schaumig schlagen. Mit gezupften Petersilienblättchen bestreuen.

Variationen

Nach diesem Rezept können Sie auch Möhren, Sellerie, Blumenkohl oder Schwarzwurzeln zu Schaumsuppe verarbeiten. Zum Würzen verwenden Sie nach Belieben 1 Prise Muskatnuß, Salz, weißen Pfeffer oder Suppenwürze.

Tip

Sie können die Suppe auch mit zarten Kerbel- oder Korianderblättchen aromatisieren und dekorieren. Letztere können Sie aus Koriandersamen leicht im eigenen Haushalt ziehen.

Zucchini-Sahne-Suppe

E 3 g	F 1 g	KH 21 g
kcal 110	kJ 460	

glutenfrei und reizarm

100 g	geraspelte Zucchini
60 g	Kartoffeln, in kleinen Stücken
150 ml	Gemüsebrühe
1 Pr.	Suppenwürze
1 EL	saure Sahne (15 g)

Das Gemüse in der Brühe sehr weich dünsten, dabei die Flüssigkeit stark einkochen lassen. Die Suppe anschließend pürieren, mild mit Suppenwürze abschmekken und mit einem kleinen Klecks saure Sahne anrichten.

Tip

Zum Binden von Cremesuppen können Sie gut geriebene Kartoffeln oder Kartoffelpüreeflocken verwenden.
Haferschmelzflocken und Weizenmehl sind **nicht glutenfrei.**

Blumenkohl-Brokkoli-Suppe

E 4 g	F 4,5 g	KH 14 g
kcal 180	kJ 755	

ballaststoffreich

- 50 g Blumenkohl, in Röschen
- 50 g Brokkoli, in Röschen
- 200 ml Brühe
- 1 Pr. Muskatnuß
- 1 Msp. Suppenwürze
- ½ Scheibe Vollkorntoast (15 g)
- 1 TL Butter oder Margarine (5 g)
- Petersilienblättchen oder Schnittlauch nach Belieben

Den Blumenkohl und den Brokkoli 3 bis 5 Minuten in kochendem Wasser blanchieren und abseihen. Den Blumenkohl in der Brühe fertig kochen und anschließend den Brokkoli dazugeben. Mit Muskatnuß und Suppenwürze abschmecken. Die Suppe nun nicht mehr kochen, sondern nur noch erhitzen. Das Toastbrot würfeln und in Butter oder Margarine rösten. Die fertige Suppe damit bestreuen. Nach Belieben mit gezupften Petersilienblättchen oder Schnittlauch bestreuen.

Minestrone

E 2,5 g	F 3 g	KH 13 g
kcal 90	kJ 380	

ballaststoffreich

Für 2 Portionen

- 1 kleine Tomate (50 g), gehäutet und entkernt
- 100 g gemischtes Gemüse, geraspelt (Zucchini, Karotten, Kartoffeln, grüne Bohnen, in Stücken)
- ¼ Zwiebel (10 g), in Würfeln
- 1 TL Öl (5 g)
- ¼ l Gemüsebrühe
- 20 g kleine Nudeln
- 1 Pr. Safran
- 1 TL gehackte Petersilie

Die Tomate, das gemischte Gemüse und die Zwiebel bei niedriger Hitze in Öl andünsten und zugedeckt kurz schmoren lassen. Die Gemüsebrühe dazugießen. Nach dem Aufkochen Nudeln und Safran hinzugeben, 5 bis 10 Minuten köcheln lassen und abschmecken. Zuletzt mit Petersilie bestreuen.

Variation

Wenn erlaubt, können Sie die Minestrone mit 1 Teelöffel frisch geriebenem Parmesankäse verfeinern.

Tip

Für **glutenfreie Diät** verwenden Sie hier glutenfreie Nudeln (siehe Rezept Seite 63) oder Reis.

Soßen

Helle Soße

E 0,5 g	F 7 g	KH 8,5 g	kcal 105	kJ 440

glutenfrei und reizarm

1 EL Speisestärke (10 g) oder glutenfreies Fertigmehl
1/8–1/4 l Flüssigkeit (Gemüse-, Fleisch- oder Hühnerbrühe, Fischsud oder Wasser)
1 TL Butter oder Margarine (5 g)
3–4 Tropfen Zitronensaft
1 Pr. Salz
evtl. 1 Pr. Pfeffer oder Muskatnuß
1 EL süße Sahne (10 g) oder Crème fraîche

Die Stärke oder das Fertigmehl mit 1 bis 2 Eßlöffeln kaltem Wasser anrühren und in die kochende Flüssigkeit einlaufen lassen. Die Soße ein paar Minuten köcheln lassen, dann Butter oder Margarine hinzufügen, mit Zitronensaft abschmecken und würzen.
Die Soße zuletzt mit Sahne oder Crème fraîche verfeinern und beliebig verändern.

Variationen

Mit Tomatenmark, Basilikum und Knoblauchpulver, mit Dill, Petersilie oder anderen Kräutern, mit Kapern oder fein gehackten Essiggurken (ballaststoffreich) läßt sich diese Soße beliebig verändern.

Tomatensoße

E 2 g	F 5 g	KH 6 g	kcal 80	kJ 335

glutenfrei

200 g reife Tomaten, gehäutet und entkernt
1 TL Öl (5 g)
100 ml milde Brühe
1 Pr. gerebelter Thymian
1 Pr. getrocknetes Basilikum
1 Msp. Knoblauchpulver
1 Pr. Salz
1 Pr. Zucker
1 TL gehackte Petersilie

Die Tomaten in feine Würfel schneiden, in Öl andünsten, dabei kräftig rühren und die Brühe angießen. Bis knapp zur Hälfte einkochen lassen, so daß die Soße sämig wird. Dann erst würzen und mit Petersilie bestreuen.

Tip

Die Soße paßt sehr gut zu Reis- oder Nudelgerichten.

Möhrensoße

E 1 g	F 3,5 g	KH 5 g
kcal 00	kJ 250	

glutenfrei und reizarm

Für 3 Portionen

- 200 g Möhren, in Stücken
- 1 TL Öl (5 g)
- 150 ml Gemüsebrühe
- 1 Pr. Zucker
- 1 Pr. Salz
- 1 ½ EL süße Sahne (20 g)

Die Möhren mit dem Öl in Gemüsebrühe oder Wasser sehr weich kochen und anschließend pürieren. Mit Zucker, Salz und Sahne abschmecken und die Soße warm oder kalt (zu kaltem Braten) servieren.

Tip

Die eilige Hausfrau kann bei dieser Soße leicht auf Karotten im Glas (Babynahrung) zurückgreifen. Das Püree wird mit Brühe zubereitet und nach Belieben mild oder schärfer gewürzt.

Sauerampfersoße

E 2 g	F 11 g	KH 6,5 g
kcal 135	kJ 565	

glutenfrei und ballaststoffreich

1 EL fein gehackte Schalotte (10 g)
1 TL Öl (5 g)
30 g gehackte Sauerampferblätter
100 ml Gemüsebrühe
1 Pr. Salz
1 TL Speisestärke (5 g)
1 ½ EL Sahne (20 g) oder Crème fraîche

Die Schalotte leicht in Öl andünsten. Den Sauerampfer hinzufügen und kurz umrühren. Die Brühe angießen und ½ Minute köcheln lassen. Jetzt schwach salzen und die Mischung pürieren. Die Stärke mit Sahne und etwas Soße verrühren, zur übrigen Soße geben und noch 1 bis 2 Minuten köcheln lassen.

Variationen

Die Soße können Sie auch mit Petersilie, Basilikum oder mit zarten, jungen Spinatblättern zubereiten.

Tip

Die Soße paßt besonders gut zu Fisch oder Geflügel.

Zitronensoße

E 4 g	F 17 g	KH 1 g
kcal 180	kJ 755	

glutenfrei und reizarm

Für 2 Portionen
2 Eigelb
3 EL Zitronensaft
1/8 l klare Brühe
1 Msp. geriebene Schale einer
unbehandelten Zitrone
1 Pr. Salz
1 Pr. Zitronenpfeffer
75 ml süße Sahne

Die Eigelbe mit Zitronensaft und Brühe im heißen Wasserbad aufschlagen, bis die Masse cremig ist. Die Soße mit Zitronenschale, Salz und Zitronenpfeffer abschmecken. Die Sahne steif schlagen und vorsichtig unterheben.

Variation

Würzen Sie die Zitronensoße mit 1 Eßlöffel fein gehackten Kräutern oder nur mit Estragonblättern.

Tip

Diese Schaumsoße ist sehr empfindlich und sollte sofort serviert werden. Sie paßt besonders gut zu Fisch oder Steak.

Kalte Thunfischsoße

E 16 g	F 16 g	KH 0,5 g
kcal 215	kJ 900	

glutenfrei

75 g Thunfisch aus der Dose,
in Wasser eingelegt
1 TL Zitronensaft
60 ml entfettete Kalbsbrühe
1 TL mittelscharfer Senf, 1 Pr. Salz
1 EL süße Sahne (15 g)

Alle Zutaten mit Ausnahme der Sahne fein pürieren. Die Sahne zuletzt hinzufügen und die Soße abschmecken.

Tip

Die Soße paßt gut zu kaltem Kalbsbraten, der in dünne Scheiben aufgeschnitten wird.

Fleisch- und Geflügelgerichte

Bei der Zubereitung von Fleisch- und Geflügelgerichten sollten Sie folgendes beachten:
Nehmen Sie für die **reizarme Kost** nur frisches, mageres Fleisch von jungen Tieren. Empfehlenswert sind hier Kalbfleisch, magerstes Rindfleisch, Putenbrust und Hähnchen oder Poularde ohne Haut. Sie können das Fleisch kochen, dämpfen, in wenig Flüssigkeit dünsten oder im Römertopf sowie in Braten- oder Alufolie zubereiten.
Für die **glutenfreie Diät** können Sie alle Fleischgerichte nach Wahl zubereiten. Die Soße dürfen Sie nur mit Stärke oder glutenfreiem Diätmehl binden. Sahne, Crème fraîche, Tomatenmark oder passiertes Gemüse sind zum Verfeinern sehr gut geeignet.

Für die **ballaststoffreiche Kost** sind alle Fleisch- und Geflügelgerichte erlaubt. Essen Sie dazu reichlich Salat und Gemüse.

Merke:
Braten Sie Fleisch nicht in mct-Fetten.
Braune, schmackhafte Soßen können Sie auch herstellen, wenn Sie das Fleisch knapp mit Wasser bedeckt dünsten. Geben Sie Kräuter, Wurzelgemüse und Salz mit in den Topf. Lassen Sie, wenn das Fleisch gar ist, die Flüssigkeit bei geöffnetem Deckel fast vollständig einkochen. Jetzt entfernen Sie Fleisch und Gemüse und lassen Sie die Flüssigkeit noch so lange weiter kochen, bis sich auf dem Topfboden ein brauner Belag gebildet hat. Gießen Sie dann wieder Flüssigkeit zu, so entsteht eine wohlschmeckende Soße.

Frikassee

E 25 g	F 17 g	KH 7 g
kcal 290	kJ 1215	

reizarm

Für 4–5 Portionen

- 500 g Kalbsschulter oder 1 Poularde
- 1 Bund Suppengrün, in Stücken
- 1 Zwiebel, in Scheiben
- 1 Lorbeerblatt
- 4–5 Gewürzkörner
- 1 TL Salz
- 2 Scheiben einer unbehandelten Zitrone
- 4 EL Mehl (40 g)
- 1 EL Zitronensaft
- 2 EL Butter oder Margarine (20 g) oder
- 4 EL süße Sahne oder
- Crème fraîche (60 g)
- evtl. 1 Prise Suppenwürze

Das Kalbfleisch oder die halbierte, gründlich gewaschene Poularde mit Suppengrün, Zwiebel und den Gewürzen sowie Salz und Zitronenscheiben in einen großen Topf geben. Mit Wasser bedecken und 1 bis 1½ Stunden köcheln lassen, bis das Fleisch weich ist. Das Kalbfleisch nun in Stücke schneiden oder das Geflügelfleisch von Haut, Sehnen und Knochen befreien. Die Brühe abseihen, wenn nötig entfetten. Das Mehl mit einer Tasse Wasser und Zitronensaft glattrühren und die kochende Brühe damit binden. Die Soße kräftig durchkochen lassen, das Fleisch hinzugeben und das Frikassee mit Butter oder Margarine, mit Sahne oder Crème fraîche verfeinern. Bei niedrigster Hitze nochmals etwa 15 Minuten ziehen, nicht kochen, lassen.

Tip

Das Frikassee können Sie gut portionsweise sachgerecht einfrieren, oder Sie bereiten dieses Rezept nur aus 1 Portion Fleisch zu. Das übrige gekochte Fleisch kann man für Salate, Suppen, Sülzen oder als Brotbelag nehmen.

Für die **glutenfreie Diät** müssen Sie die Soße mit glutenfreiem Diätmehl oder mit Speisestärke binden.

Ossobuco alla Milanese

E 35 g	F 15 g	KH 12 g
kcal 330	kJ 1380	

glutenfrei

- 1 kleine, 3 cm dicke Scheibe Kalbshaxe
- (200 g mit Knochen)
- 1 Pr. Salz, 1 Pr. weißer Pfeffer
- 1 EL glutenfreies Diätmehl (10 g)
- 1 EL Öl (10 g)
- 1 Bratbeutel mit Verschluß
- 100 ml Fleischbrühe
- 100 g Tomatenfruchtfleisch
- 1 EL geriebener Parmesankäse (10 g)

Die Fleischscheibe mit Salz und Pfeffer würzen und mit Mehl bestäuben. In einer Pfanne rundum in Öl anbraten. In den Bratbeutel legen, die Fleischbrühe und Tomaten hinzugeben. Den Beutel schließen, oben kleine Löcher einstechen und im Backofen bei 200°C etwa 45 Minuten garen. Danach die Soße nach Belieben etwas einkochen lassen und mit Parmesankäse abschmecken.

Filetwürfel „Stroganoff"

E 20 g	F 11 g	KH 2 g
kcal 190	kJ 795	

glutenfrei und reizarm

100 g Rinderfilet, in 2 cm großen Würfeln
1 Pr. Salz
1 Pr. gerebelter Thymian
100 ml Brühe
1 TL Öl (5 g)
10 g Tomatenmark
1 Msp. Senf
1 EL saure Sahne (15 g)

Das Fleisch mit Salz und Thymian würzen. Die Brühe mit dem Öl mischen und zum Kochen bringen. Das Fleisch hineingeben und bei geringer Hitze 10 Minuten köcheln lassen. Den Fond zuletzt mit Tomatenmark, Senf und saurer Sahne abschmecken.

Variationen

Nach Belieben können Sie zuletzt gedünstete Spargelspitzen oder Schwarzwurzeln in die Soße geben.

Wenn Sie angebratenes Fleisch essen können und dürfen, können Sie 1 bis 2 Teelöffel Öl erhitzen und das Fleisch darin rundum kurz anbraten, bis es gerade zu bräunen beginnt. Dann die Brühe angießen und das Gericht fertigstellen.

Pastete mit Fleischfüllung

E 26 g	F 18 g	KH 46 g
kcal 465	kJ 1950	

glutenfrei

Für 6 Portionen

Teig:

300 g glutenfreies Brotmehl
1 Pr. Salz, 1 Ei
100 g Butter oder Margarine
250 g leicht ausgepreßter Magerquark

Füllung:

400 g Putenbrust oder Kalbfleisch
20 g Reismehl
1 Ei
je 1 Pr. Salz und Pfeffer
1 Msp. geriebene Schale einer unbehandelten Zitrone
1 TL Worcestersoße
1 Pr. Thymian

zum Bestreichen:

1 Eigelb

Alle Teigzutaten mit dem Handrührgerät rasch verkneten. Den Teig zu einer Kugel formen und 1 Stunde kalt stellen.
Für die Füllung das Fleisch pürieren und mit den übrigen Zutaten gut verkneten. Etwas weniger als die Hälfte des Teiges zu einer Platte von etwa 30 cm Durchmesser ausrollen. Den Teig auf ein mit Backpapier belegtes Blech legen und bei 200°C 6 Minuten vorbacken. Inzwischen aus dem restlichen Teig eine zweite Teigplatte in der gleichen Form, jedoch rundum 2 cm größer, ausrollen. Die Füllung in die Mitte der vorgebackenen Platte streichen, dabei einen 2 cm breiten Rand aussparen. Den Rand mit Wasser leicht anfeuchten. Die größere ausgerollte Teigplatte darüberlegen und den Rand fest andrücken, eventuell die Kante gerade schneiden. Die Pastete mit Eigelb bestreichen und 30 Minuten bei 200°C backen.

Variationen

Nehmen Sie anstelle von Fleisch püriertes Fischfilet. Nach Belieben können Sie den Teig mit blanchiertem Gemüse oder Schinkenwürfelchen oder gehacktem, gekochtem Ei verändern.

Tip

Als Pastetenform eignet sich ein Kreis, Oval, Rechteck oder Quadrat sowie ein Fisch oder für Weihnachten ein Stern. Schneiden Sie sich dazu eine Papierschablone.
Die Pastete kann warm oder kalt gegessen werden. Nach Belieben können Sie sie roh oder gebacken sachgerecht einfrieren oder aus dem Rezept mehrere kleine Pastetchen herstellen.

Schweinefilet mit Dörräpfeln

E 25 g	F 27 g	KH 8 g
kcal 420	kJ 1760	

glutenfrei

- 125 g Schweinefilet, in 2 cm dicken Scheiben
- 1 EL Öl (10 g)
- 2 gedörrte Apfelringe (10 g)
- 50 ml Weißwein
- je 1 Pr. Selleriesalz, und Zitronenpfeffer
- 1 Pr. Paprika- oder Currypulver
- 50 ml Brühe
- 1 Msp. Suppenwürze
- 4 EL saure Sahne (60 g)

Die Filetscheiben mit Öl bestreichen und zugedeckt ruhen lassen.
Die Apfelringe in Weißwein und 2 bis 3 Eßlöffeln Wasser etwa 30 Minuten einweichen. Das Fleisch mit Selleriesalz, Zitronenpfeffer und Paprika- oder Currypulver würzen. In einer heißen Pfanne von beiden Seiten je 2 Minuten braten, dann herausnehmen und zugedeckt nachziehen lassen. Die Äpfel mit Wein und Brühe in die Pfanne geben. Die Suppenwürze im Sud auflösen und alles kurz köcheln lassen. Die Soße mit saurer Sahne mischen und das Fleisch mit dem ausgetretenen Saft wieder hinzugeben. Bei geringster Hitze 5 Minuten schmoren.

Tip

Für die **ballaststoffreiche Kost** können Sie eingeweichte Backpflaumen oder eingeweichte Feigenstückchen dazugeben.

Truthahnbrust mit Orangen

E 32 g	F 5,5 g	KH 10 g
kcal 220	kJ 920	

glutenfrei

- 1 Scheibe Truthahnbrust (125 g)
- je 1 Pr. Salz, und Paprikapulver
- 1 TL Butter oder Margarine (5 g)
- 1 Bratbeutel mit Verschluß
- 50 g Orangenschnitze, ohne Zwischenhäute = Orangenfilets (siehe dazu den Tip)
- 10 g Orangenmarmelade

Die Truthahnbrust mit Salz und Paprikapulver würzen und rundum mit flüssiger Butter oder Margarine bestreichen. Das Fleisch in den Bratbeutel legen, die Hälfte der Orangenfilets dazugeben. Den Beutel verschließen und an der Oberseite kleine Löcher einstechen. Bei 220° C 5 bis 8 Minuten, je nach Dicke des Fleisches, garen. Die ausgetretene Flüssigkeit aus dem Beutel gießen und mit der Orangenmarmelade verrühren. Das Fleisch noch wenige Minuten im Beutel nachziehen lassen, herausnehmen und mit der Soße und den restlichen Orangenfilets anrichten.

Tip

Orangenfilets erhalten Sie, wenn Sie die Frucht mit einem scharfen Messer so dick abschälen, daß die Fruchtkammern frei liegen. Sie werden dann einzeln, in Keilen entlang der Zwischenhäute, herausgeschnitten. Den abtropfenden Saft sollten Sie auffangen und mit verwenden!

Hähnchenkeule mit Kräutersenf

E 22 g	F 8 g	KH 3 g
kcal 175	kJ 730	

glutenfrei und reizarm

- 1 Hähnchenkeule (175 g)
- 1 TL Öl (5 g)
- 1–2 TL Kräutersenf
- 1 Pr. gerebelter Thymian
- 1 Pr. Salz oder Knoblauchsalz
- 2 Tomaten (100 g), gehäutet, in Vierteln
- 1 Bratbeutel mit Verschluß

Die Hähnchenkeule von der Haut befreien. Das Öl mit Kräutersenf und Thymian verrühren, das Fleisch damit bestreichen und leicht salzen. Die Keule zusammen mit den Tomatenstücken in den Bratbeutel geben, vorschriftsmäßig schließen und an der Oberseite 1 bis 2 Löcher einstechen.

Im Backofen bei 200° C 20 Minuten braten. Dann bei abgeschaltetem Ofen kurz nachgaren.

Fischgerichte

Fischnockerl in Dillsoße

E 31 g	F 16 g	KH 9,5 g

kcal 315	kJ 1320

reizarm

- 150 g grätenfreies Fischfilet
- 1 Eiweiß
- 1 Msp. geriebene Schale einer unbehandelten Zitrone
- 1 Pr. Salz
- 1 Pr. Piment
- 2 EL süße Sahne (30 g)
- 1 Portion helle Soße (siehe Rezept S. 40)
- 1 EL gehackter Dill

Das Fischfilet grob würfeln und mit dem Pürierstab oder im Mixer fein pürieren. Dabei Eiweiß, Zitronenschale, Salz, Piment und Sahne einarbeiten. Aus der Teigmasse mit Löffeln 3 große oder 5 kleine Nockerln abstechen. In ¼ l Wasser mit einer Prise Salz 5 bis 8 Minuten gerade unter dem Kochpunkt sieden lassen. Die helle Soße nach Belieben mit dem Fischsud zubereiten, die Nockerln einlegen und 5 Minuten darin ziehen lassen. Zuletzt den gehackten Dill unterheben.

Variationen

Den Fischteig können Sie auch für Klößchen, gebratene Frikadellen (Fischpflanzerl) oder als Grundmasse für einen Auflauf oder eine Pastete nehmen.

Fischragout in Tomatensoße

E 25 g	F 11 g	KH 8 g

kcal 240	kJ 1005

glutenfrei

- 125 g Seelachs- oder Kabeljaufilet, in großen Würfeln
- 1 EL Zitronensaft
- ½ Zwiebel (20 g), in Würfeln
- 1 EL Öl (10 g)
- 150 g Tomatenpüree, frisch oder abgepackt
- 1 Pr. Paprikapulver, edelsüß
- 1 Pr. Salz
- 1 Pr. gerebelter Thymian

Die Fischwürfel mit Zitronensaft beträufeln. Die Zwiebel in Öl glasig dünsten, das Tomatenpüree hinzugeben und alles würzen. Etwa 5 Minuten köcheln lassen. Bei Bedarf etwas Wasser angießen. Den Fisch hinzufügen und bei geringster Hitzezufuhr garziehen lassen.

Tip

Bei Unverträglichkeit von Zwiebeln sollten Sie die Tomatensoße vor der Zugabe des Fisches durch ein feines Haarsieb streichen.

Kabeljaukotelett in Maismehl

E 23 g	F 26 g	KH 22 g
kcal 425	kJ 1780	

glutenfrei

1 Kabeljaukotelett, ohne Haut (200 g)
2–3 EL Milch
3 EL Maismehl (30 g)
1 Pr. Salz
1 Pr. weißer Pfeffer
5 EL Öl (50 g)
Zitronenspalten und krause Petersilie

Das Kabeljaukotelett waschen, trockentupfen und mit Milch anfeuchten. Dann in Maismehl wenden und mit Salz und Pfeffer würzen. Das Öl in einer schweren Pfanne erhitzen und den Fisch, je nach Dicke, von jeder Seite 5 bis 8 Minuten goldbraun braten. Auf Küchenkrepp abtropfen lassen, das Bratfett nicht weiter verwenden. Das Fischkotelett mit Zitronenspalten und krauser Petersilie auf einem vorgewärmten Teller anrichten.

Fischfilet auf Zucchini-Tomaten-Gemüse

E 23 g	F 10 g	KH 11 g

kcal 235	kJ 985

glutenfrei

125 g Fischfilet (Kabeljau, Goldbarsch oder Seelachs)
1 EL Zitronensaft
1 Pr. Salz
1 Pr. Muskatnuß
¼ l Brühe
1 mittelgroßer Zucchino (100 g), in Würfeln
1 EL Öl (10 g)
150 g Fleischtomate, gehäutet, in Würfeln
1 Pr. Rosmarinpulver oder Kräuter der Provence

Das Fischfilet waschen, mit Zitronensaft beträufeln und mit Salz und Muskatnuß würzen.

Den Fisch entweder im Siebeinsatz über der kochenden Brühe garen oder in ein Blatt Pergamentpapier wickeln und in der Brühe kochen.

Nebenbei die Zucchinowürfel in Öl andünsten, die Tomatenwürfel hinzugeben, würzen und mit 1 bis 2 Eßlöffeln Fischsud begießen. Zugedeckt ein paar Minuten dünsten. Dann zusammen mit dem Fischfilet (bei Pergamentpapier vorher auspacken) anrichten.

Felchenfilet in Cidre

E 20 g	F 11 g	KH 27 g
kcal 295	kJ 1235	

glutenfrei und reizarm

- 1/8 l Cidre
- 1 kleiner Apfel (100 g), in Schnitzen
- 2 Felchenfilets (100 g) (oder Forellenfilets)
- 1 Pr. Salz
- 1 Pr. Pfeffer
- 1 TL Zitronensaft
- 2 EL süße Sahne (30 g) oder Crème fraîche

Den Cidre zum Kochen bringen, die Apfelschnitze einlegen und fast weich dünsten. Dann herausnehmen und warm halten. Die Fischfilets mit Salz, Pfeffer und Zitronensaft würzen und in den heißen Cidre legen. Ein paar Minuten bei niedriger Hitze dünsten.

Den Fisch anschließend herausheben, auf einen vorgewärmten Teller legen und die Apfelschnitze darum verteilen. Den Sud mit Sahne oder Crème fraîche verrühren und bei stärkster Hitze etwas einkochen lassen. Den Fisch mit der Soße überziehen (nappieren).

Tip

Als Beilage passen zu diesem Gericht rund ausgestochene Kartoffelbällchen und Tomatenecken, ebenso Reis oder grüne Nudeln (wenn erforderlich, glutenfreie Nudeln).

Heilbuttsteak mit Dillbutter

E 30 g	F 15 g	KH 1 g
kcal 265	kJ 1110	

glutenfrei und reizarm

- 1 Heilbuttsteak (200 g) (= 1 Scheibe mit Haut und Gräten)
- 1 Pr. Zitronenpfeffer
- 1 Pr. Salz
- 1/8 l Brühe oder Fischsud
- 1 Zwiebel, halbiert und mit 1 Gewürznelke gespickt
- 15 g weiche Butter
- 1 EL Zitronensaft
- 1 kleine zerdrückte Knoblauchzehe
- 1/2 TL Worcestersoße
- 1 EL fein gehackter Dill

Das Heilbuttsteak abtupfen und mit Zitronenpfeffer und Salz würzen.

Die Brühe mit der gespickten Zwiebel aufkochen. Den Fisch hineinlegen und bei geringster Hitze 10 Minuten ziehen – nicht kochen – lassen oder im Dämpfer über dem Sud garen. Der Fisch ist gar, wenn sich das Fleisch von den Gräten löst. Die Butter mit Zitronensaft verrühren, mit Knoblauch und Worcestersoße abschmecken und Dill unterziehen. Den Fisch mit etwas Sud anrichten. Die Dillbutter darauf schmelzen lassen.

Tip

Reichen Sie als Beilage Salzkartoffeln oder frische kleine Pellkartoffeln.

Eintöpfe und weitere Hauptgerichte

Eintopf mit jungem Gemüse

E 22 g	F 5 g	KH 32 g
kcal 265	kJ 1110	

glutenfrei und reizarm

- 2 junge Möhren (100 g), in Scheiben
- 1 mittelgroßer Zucchino (100 g), in Stücken
- 1 mittelgroße Kartoffel (100 g), in Stücken
- ¼ l milde Brühe
- 1 kleine Hühnerbrust (80 g)
- 1 Pr. Salz
- 1 Msp. Butter oder Margarine (3–5 g)
- 1 TL gehackte Petersilie

Die Möhren, den Zucchino und die Kartoffel in der Brühe oder in einem Siebeinsatz über Brühe fast gar dämpfen.
Die Hühnerbrust leicht salzen und etwa 5 Minuten mitdämpfen, bis sie gerade gar ist. Das Gemüse und das Fleisch auf einem vorgewärmten Teller anrichten. Mit Butter oder Margarine (bei Bedarf mct-Fett) und Petersilie verfeinern und nach Belieben etwas Brühe angießen.

Variation

Bei diesem Eintopf können Sie das Gemüse nach eigenem Wunsch und Verträglichkeit auswählen.

Sauerkrauteintopf „in Rot“

E 28 g	F 17 g	KH 18 g
kcal 345	kJ 1445	

glutenfrei und ballaststoffreich

Für 2 Portionen

- 200 g mageres Schweinefleisch, in Würfeln
- 1 EL Öl (10 g)
- ½ Zwiebel (20 g), in Würfeln
- 250 g frische rote Bete, in Würfeln oder Stiften
- 250 g Sauerkraut
- ¼ l Brühe
- 1 Pr. Salz
- 1 Pr. Koriander, Kardamom oder Kümmel
- 4 EL saure Sahne (60 g)
- 1 EL grob gehackte Walnüsse (20 g)

Das Fleisch unter Rühren in Öl leicht bräunen. Die Zwiebel dazugeben und glasig dünsten. Die roten Bete und das Sauerkraut ebenfalls hinzufügen, die Brühe angießen und würzen. Zugedeckt etwa 45 Minuten köcheln lassen. Dann erst umrühren, abschmecken und beim Anrichten mit saurer Sahne und Nüssen garnieren. Möchten Sie den Eintopf einfrieren, würzen Sie erst vor dem Anrichten und geben zuletzt die Sahne hinzu.

Apfel-Curry-Reis

E 7 g	F 11 g	KH 73 g
kcal 430	kJ 1800	

glutenfrei und ballaststoffreich

- ½ Tasse Naturreis (60 g)
- 1 TL Butter oder Margarine (5 g)
- 300 ml Wasser oder milde Brühe
- 1 Pr. Salz
- 1 TL Currypulver
- ½ Zwiebel (20 g), in Würfeln
- 1 TL Öl (5 g)
- 1 kleiner Apfel (100 g), in Würfeln
- 1 EL Sultaninen (20 g)
- 1 EL Mandelstifte (10 g)

Den Reis in Butter oder Margarine andünsten, Wasser oder Brühe angießen und mit Salz und Currypulver würzen. Zugedeckt bei milder Hitze garen (etwa 40 Minuten). Die Zwiebelwürfel in Öl glasig dünsten, die Äpfel, die Sultaninen sowie Mandelstifte hinzufügen. Kurz mitgaren, dann unter den Reis geben, eventuell nachwürzen.

Tip

Sie können Naturreis über Nacht einweichen und das Einweichwasser zum Kochen mit verwenden. Dadurch verkürzt sich die Garzeit um etwa die Hälfte.

Frühlingsrollen

E 4 g	F 15 g	KH 16 g
kcal 220	kJ 920	

glutenfrei und ballaststoffreich

- 2 Blatt Reispapier
- 150 g gemischtes Gemüse, in feinsten Streifen (Lauch, Karotten, Sellerie, Sojakeime, Tomatenwürfel)
- 1 EL Öl (10 g)
- 1 EL Sojasoße, 1 TL Zitronensaft
- 1 Ei
- Fritierfett

Das Reispapier 4 Minuten in kaltem Wasser einweichen, dann auf einem Tuch abtropfen lassen.

Das Gemüse in Öl andünsten und mit Sojasoße und Zitronensaft abschmecken. Zuletzt ohne weitere Hitzezufuhr das Ei unterziehen.

Jeweils die Hälfte der Gemüsefüllung in die Mitte eines Reispapiers geben und wie ein Paket einrollen. Im heißen Fett von jeder Seite 5 Minuten backen und auf Küchenkrepp gut abtropfen lassen.

Nudeln mit Gemüse „italienische Art“

E 15 g	F 15 g	KH 49 g
kcal 400	kJ 1675	

ballaststoffreich

200 g Gemüse, in Würfeln (Auberginen, Zucchini, Stangensellerie, Zwiebeln, evtl. Spargel)
1 Pr. Salz
50 g italienische Nudeln (große Muscheln, Schleifen oder kurze Makkaroni)
1 EL Öl (10 g)
1 halbierte Knoblauchzehe
1 Tomate (50 g), geschält, in Würfeln
1 EL würziger Reibkäse (Parmesan, Sbrinz oder Greyerzer)
6–7 Basilikumblättchen

Das Gemüse in ½ Liter Salzwasser oder über Wasserdampf nicht zu weich garen, dann herausnehmen und warm halten.
Die Nudeln im Gemüsewasser 8 bis 10 Minuten bißfest kochen und abseihen.
Das Öl mit dem Knoblauch leicht erhitzen, anschließend die Zehe nach Belieben entfernen. Das Gemüse mit den Tomatenwürfeln hinzufügen und zusammen kurz schwenken. Zuletzt die Nudeln, den Käse und das Basilikum untermischen und nochmals kurz erhitzen.

Tip

Nehmen Sie für die **glutenfreie Diät** die geeigneten glutenfreien Diätnudeln.

Überbackener Brokkoli mit Parmesan

E 24 g	F 23 g	KH 37 g
kcal 465	kJ 1945	

glutenfrei

150 g Brokkoli, in Röschen
1 Pr. Salz
1 Portion Kartoffelpüree
50 g gekochter Schinken oder Pökelzunge, in Streifen
50 ml Milch
1 EL geriebener Parmesankäse (10 g)
5 g Semmelbrösel von glutenfreien Semmeln
1 TL Butter oder Margarine (5 g)
1 gefettete, flache Gratinform

Den Brokkoli 2 bis 3 Minuten in Salzwasser kochen, dann kalt abschrecken, eventuell kurz in Eiswasser legen, um die grüne Farbe zu erhalten.
Das Kartoffelpüree an den Rand einer Gratinform spritzen. Den Brokkoli und den Schinken oder die Pökelzunge dekorativ in die Mitte verteilen und mit Milch begießen.
Mit Parmesan und Semmelbröseln bestreuen und mit Butter- oder Margarineflöckchen belegen. Bei 200°C etwa 20 Minuten überbacken, bis sich eine helle Kruste gebildet hat.

Variationen

Nehmen Sie statt Brokkoli Möhren und Blumenkohl und nach Belieben etwas frisch gerösteten Anis zum Bestreuen.

Fenchel-Schinken-Gratin

E 24 g	F 23 g	KH 35 g
kcal 455	kJ 1905	

glutenfrei

- 200 g Fenchelgemüse, quer in dicke Scheiben geschnitten
- 100 g säuerliche Äpfel (Boskoop), in Schnitzen
- 50 g milder Schinken, in feinen Streifen
- 1/8 l helle Soße (siehe Rezept Seite 40)
- 1 Ei, getrennt, 1 EL Reibkäse (10 g)

Den Fenchel in wenig Wasser weich dünsten oder dämpfen. Noch warm, abwechselnd mit den Apfelschnitzen, in eine flache Auflaufform schichten und den Schinken darüber verteilen.
Die helle Soße zubereiten und das Eigelb unterziehen. Das Eiweiß zu Eischnee schlagen und unterheben. Die Soße auf die vorbereitete Gemüsemischung streichen und den Reibkäse darüber verteilen. Bei 200°C etwa 20 Minuten hellbraun backen. Als Beilage eignet sich Reis.

Merke:
Für die **glutenfreie Kost** muß die Soße mit glutenfreiem Diätmehl zubereitet werden.

Variationen

Zum Fenchelgratin können Sie ebensogut Scheiben von gekochten Kartoffeln oder gekochten Möhren geben. Lassen Sie nach Belieben die legierte Soße weg, bestreuen Sie den Gratin nur mit dem Reibkäse und gratinieren Sie das Gericht.

Reis-Quark-Auflauf

E 31 g	F 22 g	KH 92 g
kcal 710	kJ 2970	

glutenfrei und reizarm

- 50 g Schnellkochreis
- 200 ml Milch
- 100 g Magerquark
- 1 Ei, getrennt
- 1 EL Zucker (20 g)
- 1 Msp. geriebene Schale einer unbehandelten Zitrone
- 150 g Apfel, in Schnitzen, oder entsteinte Kirschen
- 1 EL Butter oder Margarine (10 g)

Den Reis in der Milch weich kochen, dann etwas abkühlen lassen.
Den Magerquark mit dem Eigelb, Zucker und der Zitronenschale verrühren. Das Eiweiß zu Eischnee schlagen und zusammen mit dem Milchreis unter die Quarkmasse heben.
Eine kleine Auflaufform einfetten. Die Hälfte der Reismasse hineinfüllen. Das Obst darüber verteilen und mit dem restlichen Reis bedecken. Die Form sollte etwa zu 3/4 gefüllt sein. Mit Butter- oder Margarineflöckchen belegen und bei 200°C etwa 30 Minuten backen.

Variationen

Statt Reis können Sie in der **glutenfreien Diät** auch Hirse (etwa 30 Minuten Garzeit) nehmen.
In der glutenfreien Diät können Sie auch Grieß, Vollkorngrieß oder Haferflocken unter die Quarkmasse heben.

Milchreis „englische Art“

E 19 g	F 26 g	KH 83 g

kcal 660	kJ 2760

glutenfrei und reizarm

- 60 g Milchreis oder Vollkornmilchreis
- 1 EL Butter oder Margarine (10 g)
- ½ l Milch
- 1 Pr. Salz
- 1 ½ EL Zucker (20 g)
- geriebene Schale von ⅛ unbehandelten Zitrone

Den Reis ungekocht in eine gefettete, flache Auflaufform geben. Milch, Salz, Zucker und Zitronenschale hinzufügen und im Backofen bei niedriger Hitze (100–150° C) 1 bis 1½ Stunden garen. Die Milch ist dann von dem Reis aufgesogen, und es bildet sich eine hellbraune Oberfläche.

Tip

Auf die Zugabe von Butter oder Zucker können Sie leicht verzichten, wenn es die Diätverordnung erfordert. Nach Belieben können Sie den Milchreis mit Zimt und Süßstoff abschmecken.

Beilagen

Kartoffeln

Bereiten Sie für die **reizarme** und **glutenfreie Diät** die Kartoffeln als Salz- oder Pellkartoffeln immer frisch zu. Für Püree können Sie auch Instantflocken verwenden. Soll das Püree fettarm sein, nehmen Sie Magermilch zum Anrühren. Die Zugabe von Butter, mct-Fett oder Margarine hängt von der ärztlichen Erlaubnis ab.
Für die **milchfreie Kost** sind Kartoffelschnee (frisch gekochte Kartoffeln nur durchgepreßt), Salz- oder Pellkartoffeln geeignet. Hier können Sie Brühe oder Kochwasser mit Sahne (wenn erlaubt) zum Aufschlagen verwenden.
Bei einer **ballaststoffreichen Kost** können Sie Kartoffeln in jeder Form essen. Geben Sie hier reichlich Kräuter und Gewürze, vor allem Kümmel, zu Ihren Kartoffelgerichten.
Eine Kartoffelbeilage von 100 g liefert:

E 2 g	F 0 g	KH 19 g	kcal 85	kJ 360

Eine Kartoffelbeilage von 150 g liefert:

E 3 g	F 0 g	KH 29 g	kcal 130	kJ 540

Probieren Sie einmal Folienkartoffeln. Wickeln Sie dazu gleich große, mehligkochende Kartoffeln in Alufolie (matte Folienseite nach außen). Backen Sie die Kartoffeln etwa 1 Stunde bei 200°C im Ofen. Machen Sie die Garprobe mit einem Zahnstocher.

Sie können auch neue Kartoffeln mit der Schale in Scheiben schneiden (ballaststoffreich) und, nebeneinander liegend, in gefetteter Alufolie im Backofen garen. Würzen Sie die Kartoffelscheiben mit Salz, Kümmel und Petersilie.

Nudeln

Eiernudeln und Hartgrießnudeln, in ihrem vielfältigen Angebot, sind **reizarm** und **ballaststoffarm.** Auch bei strenger Diät bringen sie Abwechslung in den Speiseplan.
50 g Nudeln ergeben nach dem Kochen 150 g und liefern:

E 5 g	F 0 g	KH 37,5 g
kcal 175	kJ 730	

Vollkornnudeln können gut in der **ballaststoffreichen Kost** verwendet werden. Bedenken Sie aber, daß Gemüse und Kartoffeln hier als Beilage bevorzugt werden sollten.
Handelsübliche Nudeln werden aus Weizenmehl oder Weizengrieß hergestellt und sind daher für die glutenfreie Diät **nicht** geeignet.
Für die **glutenfreie Diät** gibt es Diätteigwaren, die aus glutenfreiem Mehl selbst hergestellt (siehe Rezept Seite 63) oder als diätetisches Lebensmittel besorgt werden müssen.

Reis

Reis ist bei allen Darmkrankheiten erlaubt und wird oft sogar empfohlen. Das Angebot ist mittlerweile vielfältig.
Alle Reissorten sind glutenfrei.
Weißer Reis ist für die **reizarme Kost** geeignet, er ist ballaststoffarm und wird beim Kochen sehr weich. Er wird als Rundkorn- oder Langkornreis, in Flocken oder als Schnellkochreis angeboten.
Parboiled Reis ist eine körnig kochende Sorte, die durch ein Spezialverfahren reicher an Vitaminen und Mineralstoffen, jedoch wie weißer Reis arm an Ballaststoffen ist. Er kann ebenfalls bei allen Darmkrankheiten gegessen werden.
Für die **ballaststoffreiche Diät** gibt es Naturreis beziehungsweise Vollkornreis. Es handelt sich hier um den entspelzten, nicht geschälten und nicht polierten Reis. Das Korn besitzt noch den Keimling und das vitamin- und mineralstoffreiche Silberhäutchen. Beachten Sie, daß Naturreis nur begrenzt lagerfähig ist (Verfallsdatum einhalten!) und längere Kochzeiten als polierter Reis benötigt. Die Kochzeiten, bis zu 60 Minuten, sind auf den Pakkungen angegeben und müssen eingehalten werden.
Würzige Reismischungen, vor allem auch mit Wildreis und scharfen Gewürzen, sind für Darmkrankheiten nicht geeignet.
1 Portion gekochter Reis = 150 g, das entspricht der Menge von 50 g rohem Reis.
1 Portion liefert:

E 3,5 g	F 0 g	KH 40 g	kcal 180	kJ 775

glutenfrei

Glutenfreie Nudeln

500 g glutenfreies Nudelmehl
2 EL Öl (20 g)
1/4 l lauwarmes Wasser
Maismehl zum Bestreuen

Das glutenfreie Mehl mit Öl trocken mischen, das Wasser hinzufügen und den Teig kurz kneten. Den groben Teig in faustgroße Stücke teilen und diese einzeln mit dem Handballen kneten. Stücke, die nicht sofort weiter verarbeitet werden, gleich in Folie einpacken.

Der Teig läßt sich am einfachsten mit einer Nudelmaschine (siehe Foto) verarbeiten. Stellen Sie bei der Nudelmaschine den größten Walzenabstand ein. Der Teig wird nun mit Maismehl bestäubt und durch die Walze gedreht. Dabei den durchgedrehten Teig mit der Hand auffangen. Bestäuben Sie eine glatte Arbeitsfläche mit Maismehl, legen den gewalzten Teig darauf und schlagen Sie ihn so ein, daß drei Schichten entstehen. Wieder mit Maismehl bestäuben und nochmals bei engerem Walzenabstand durch die Maschine drehen. Wiederholen Sie diesen Vorgang mehrmals, bis der Teig die gewünschte Dicke aufweist. Stellen Sie die Maschine zuletzt auf die gewünschte Nudelform ein. Sollte Ihnen keine Nudelmaschine zur Verfügung stehen, rollen Sie den Teig mit einem Nudelholz sehr dünn aus und schneiden die Nudeln mit dem Messer. Frische Nudeln 3, getrocknete etwa 5 Minuten kochen.

Die Nudeln lassen sich mit Rote-Bete-Saft, Tomatenpüree, Safran, fein püriertem Spinat und Kräutern färben.

Grundrezept für Polenta

E 5 g	F 1,5 g	KH 46 g
kcal 225	kJ 940	

glutenfrei

1/4 l Wasser, Milch oder Brühe
1 Pr. Salz
60 g Maisgrieß (Polenta, Kukuruz)

Die Flüssigkeit zum Kochen bringen, den Maisgrieß einstreuen und bei schwacher Hitze unter ständigem Rühren 15 Minuten köcheln lassen. Dann den Topf vom Feuer nehmen und weitere 10 Minuten ziehen lassen.

Die angegebene Menge ist als Hauptgericht ausreichend, als Beilage oder Grundlage für Aufläufe und Pfannengerichte genügt die Hälfte.

Variationen

Streichen Sie die heiße Polenta auf eine Platte und schneiden Sie sie nach dem Abkühlen in Stücke. Diese werden dann in wenig Fett in einer beschichteten Pfanne goldgelb gebraten.

Sie können unter die heiße Polenta auch geriebenen Käse mischen und sie als Beilage zu Fleisch oder als Hauptgericht mit viel frischem Salat reichen.

Auch kleine Maisschnitten, im Backofen oder unter dem Grill erwärmt, sind eine willkommene Abwechslung.

Gemüse

Wählen Sie die Gemüsesorten, die Sie gut vertragen, wenn Sie reizarme oder glutenfreie Diät einhalten müssen.

Gemüse ist glutenfrei.

Zartes, junges Frischgemüse, weich gedünstet, gedämpft oder gekocht, ist am bekömmlichsten. Karotten werden von Patienten meist am besten vertragen und können als erstes bei einer Aufbaukost eingesetzt werden.

Geben Sie erst am Ende der Zubereitung ein wenig Butter, Margarine, Öl, oder, wenn erforderlich, das mct-Fett hinzu.

Wenn Sie sämige Soßen an Ihrem Gemüse lieben, können Sie bei der **reizarmen Kost** mit Mehl, Stärke, Soßenbinder oder Haferschmelzflocken binden. Meiden Sie Mehlschwitzen.

 Verwenden Sie in der **glutenfreien Diät** nur Stärke oder glutenfreies Diätmehl oder Kartoffelpüreeflocken zum Binden!

Bei einer **ballaststoffreichen Kost** sollten Sie viel Gemüse essen, alle Sorten sind geeignet. Besonders empfohlen werden hier Kohl beziehungsweise Kraut, Hülsenfrüchte (Linsen, Erbsen, Trockenbohnen), Lauch und Zwiebeln, grüne Blattgemüse und Gemüsesalate. Beachten Sie, daß roh verzehrtes Gemüse die Verdauung besonders anregt (siehe Kapitel „Salate und Rohkost“ Seite 70 ff.).

Frühlingsgemüse

E 3,5 g	F 4 g	KH 8,5 g
kcal 90	kJ 375	

glutenfrei und reizarm

150 g junges, zartes Gemüse in Stücken, Scheiben oder Würfeln (Karotten, Blumenkohl, Zucchini, grüne Böhnchen, Kohlrabi, Brokkoli, geschälte Tomaten, Auberginen)
1 Tasse Wasser
1 Pr. Salz
evtl. 1 Pr. Muskatnuß oder Pfeffer
1 TL Butter oder Margarine (5 g)
1 TL Petersilie oder Basilikum, in kleinen Blättchen

Das Gemüse würzen und im Topf mit einer Tasse Wasser dünsten oder im Siebeinsatz über Wasser dämpfen. Machen Sie die Garprobe mit einem Zahnstocher oder einem Messer. Lassen Sie zuletzt Butter oder Margarine darauf schmelzen und bestreuen Sie das Gemüse mit frischen Kräutern.

Merke:
Vermeiden Sie bei **fettarmer Aufbaukost** die Zugabe von Butter oder Margarine bei allen reizarmen Gemüsegerichten. Bei erlaubter Fettzugabe dürfen Sie auch Ihr Diätöl in kleinen Mengen statt Butter oder Margarine beziehungsweise mct-Fett nehmen.

Basler Karottenmus

E 3,5 g	F 3 g	KH 23 g
kcal 135	kJ 565	

glutenfrei und reizarm

Für 1 kleine Portion

1 mittelgroße Karotte (75 g), in Stücken
1 mittelgroße Kartoffel (75 g), in Stücken
⅛ l Wasser oder milde Brühe
1 Pr. Salz
50 ml Milch

Die Karotten- und Kartoffelstücke zusammen in Wasser oder Brühe sehr weich kochen. Sollte dabei Flüssigkeit übrigbleiben, seihen Sie das Gemüse ab. Dann streichen Sie es durch ein Sieb und verrühren das Püree mit heißer Milch. Wenn nötig, leicht salzen.

Merke:
Diese kleine Portion ist für die **Aufbaukost** gedacht. Sie können hier die Karotten- oder Kartoffelmenge beliebig erhöhen, sollten das Mus aber immer frisch zubereiten.
Für die **milchfreie Kost** verwenden Sie Kochwasser oder Brühe zum Anrühren.

Tip

Für eine rasche Zubereitung können Sie 1 Glas Karottenmus (Babynahrung) mit angerührtem Instantkartoffelpüree mischen.

Gedünsteter Blumenkohl

E 2 g	F 4 g	KH 4 g
kcal 60	kJ 250	

glutenfrei und reizarm

150 g Blumenkohl, in Röschen
1 Pr. Salz
½ TL Anispulver
oder 1 TL gehackte Petersilie
1 TL Butter oder Margarine (5 g)

Die Blumenkohlröschen in kochendes Salzwasser geben und je nach Größe 3 bis 5 Minuten kochen, dann abseihen und abschrecken.
Danach das Gemüse mit einer halben Tasse Wasser (oder Brühe) weich dünsten. Anis ohne Fettzugabe trocken in einer Pfanne leicht anrösten. Anis oder Petersilie über den garen Blumenkohl streuen und Butter oder Margarine darüber schmelzen lassen.

Tip

Brokkoli sollten Sie nach dem Vorkochen in Salzwasser (= blanchieren) zur Farberhaltung eiskalt abschrecken.

Zwiebelgemüse „italienische Art"

E 2 g	F 10 g	KH 26 g
kcal 210	kJ 880	

glutenfrei und ballaststoffreich

150 g kleine Zwiebeln, ungeschält
(Silberzwiebeln oder Schalotten)
1 EL Essig
2 EL Rotwein
1 EL Öl (10 g)
1 Pr. gerebelter Thymian
je 1 Pr. Salz und Pfeffer
¼ Lorbeerblatt
1 EL Tomatenmark (20 g)
1 EL Sultaninen (20 g)

Die Zwiebeln 2 Minuten in kochendes Wasser legen, dann kalt abschrecken. Die Wurzelansätze abschneiden und die Zwiebeln aus der Schale pressen.
Die Zwiebeln zusammen mit Essig, Rotwein, Öl, Thymian, Salz, Pfeffer und Lorbeerblatt in einen Topf oder eine tiefe Pfanne geben, knapp mit Wasser bedekken und 15 bis 20 Minuten köcheln lassen. Dabei gelegentlich wenden.
Die Flüssigkeit sollte zur Hälfte eingekocht sein, eventuell nachgießen oder weiter einkochen lassen. Jetzt Tomatenmark und Sultaninen hinzugeben und 5 Minuten weiter dünsten. Lassen Sie das Gemüse wenn möglich 1 Tag ziehen.

Tip

Das Zwiebelgemüse eignet sich gut als Beilage zu kaltem Fleisch. Sie können es im Kühlschrank 2 bis 3 Tage lagern.

Glasierte Möhren

E 1,5 g	F 8 g	KH 13,5 g
kcal 140	kJ 585	

glutenfrei

150 g kleine, junge, geschälte Möhren
1 EL Butter oder Margarine (10 g)
1 Pr. Salz
½ TL Zucker (3 g)
1–2 Tropfen Zitronensaft
1 Zweig krause Petersilie

Die Möhren nach Belieben einmal quer halbieren. Mit einer halben Tasse Wasser, der Hälfte der Butter, Salz und Zucker im geschlossenen Topf bei milder Hitze langsam garen. Wenn nötig, etwas Flüssigkeit nachgießen. Wenn das Gemüse weich ist, die restliche Butter oder Margarine hinzufügen und bei geöffnetem Deckel die Flüssigkeit ganz einkochen lassen. Den Topf dabei rütteln, damit das Gemüse gleichmäßig mit der entstehenden Glasur überzogen wird. Den Zitronensaft darüberträufeln und mit Petersilie anrichten.

Gebratener Zuckermais

E 3 g	F 7,5 g	KH 15 g
kcal 145	kJ 605	

glutenfrei und ballaststoffreich

Für 2 Portionen

2 Kolben Zuckermais à 250 g
1 Pr. Salz
1 EL Öl (10 g)
1 EL Knoblauch-
oder Kräuterbutter (10 g)
krause Petersilie
Tomatenecken
evtl. entsteinte, schwarze Oliven

Die äußeren Blatthüllen der Maiskolben ablösen und mit Wasser bedeckt 10 bis 15 Minuten kochen. Das Kochwasser abseihen und die Kolben nun erst salzen. Mit Öl bestreichen und rundum in einer heißen Pfanne kurz braten oder unter dem Grill rösten, dann abtupfen. Anschließend mit Knoblauch- oder Kräuterbutter bestreichen und mit Petersilie, Tomatenecken oder Oliven anrichten.

Tip

Von Juli bis November haben die Kolben sofort nach der Ernte den höchsten Zuckergehalt. Sie können gekocht, gedünstet, gebacken, gegrillt oder einfach roh geknabbert werden. Mais sollte man immer erst nach dem Garen salzen.

Gedämpfter Kohl

E 13 g	F 19 g	KH 11 g
kcal 275	kJ 1150	

glutenfrei und ballaststoffreich

250 g Kohl, mit Strunk (Wirsing oder Weißkohl, Rot- oder Spitzkohl)
je 1 Pr. Salz und weißer Pfeffer
30 g Zwiebeln, in Würfeln
30 g Schinken, in kleinen Würfeln
1½ EL Butter oder Margarine (15 g)

Die Hälfte oder ein Viertel von einem kleinen Kohlkopf in 2 oder 3 Keile schneiden, den Strunk nicht entfernen. Zwischen den Blättern leicht mit Salz und Pfeffer würzen. Im Siebeinsatz über Wasserdampf etwa 10 Minuten fast weich dämpfen. Inzwischen Zwiebeln und Schinken in Butter oder Margarine rösten, bis die Würfelchen knusprig geworden sind. Kurz vor dem Anrichten die Zwiebel-Schinken-Mischung über die Kohlstücke geben.

Variation

Den vorgegarten Kohl mit Mozzarellascheiben belegen und im heißen Ofen überbacken, bis der Käse schmilzt.

Tip

Im Kühlschrank kann angeschnittener Kohl mehrere Tage aufbewahrt werden. Frisch zubereiteter und vor allem blanchierter oder gedämpfter Kohl ist bekömmlicher als aufgewärmter!

Provenzalisches Gemüse

E 2,5 g	F 10 g	KH 15 g
kcal 165	kJ 690	

glutenfrei und ballaststoffreich

- 250 g gemischtes Gemüse, in großen Stücken oder Scheiben (Zucchini, Auberginen, Tomaten, Zwiebeln)
- 1 Pr. Salz
- 1 Pr. Zitronenpfeffer
- 1/4 TL Kräuter der Provence
- 1 großes Blatt Alufolie
- 1 EL Öl (10 g)
- 1 EL grob gehackte Petersilie

Das vorbereitete Gemüse mit Salz, Pfeffer und Kräutern würzen. Die Alufolie auf der glänzenden Seite mit Öl bestreichen. Das Gemüse und die Petersilie darauf verteilen, die Folie schließen und im Backofen auf höchster Stufe oder unter dem Grill 10 bis 15 Minuten garen. In der geöffneten Folie servieren.

Salate und Rohkost

Bei Blattsalaten sind auch alle neuen Sorten in der Diät erlaubt.

Reizarme Kost: Wenn in der reizarmen Diät Roh- und Frischkost vom Arzt empfohlen wird, können Sie alle zarten Blattsalate in kleinen Portionen essen.

Bereiten Sie den Salat mit Zitronensaft, eventuell Joghurt, süßer oder saurer Sahne, Salz, Zucker und feinen Kräutern zu. Eisbergsalat, Romanasalat, Eichblattsalat, Chicorée und junger Feldsalat sind besonders zart. Salatherzen sind immer die feinsten Teile.

Glutenfreie Kost: Hier dürfen Sie alle Salate essen, eventuell sind Empfehlungen der reizarmen Kost einzuhalten. Wenn Rohkost nicht erlaubt ist, sollten Sie auf Blattsalate vorübergehend verzichten.

Ballaststoffreiche Kost: Salat und Rohkost werden hier in jeder Form empfohlen – beliebig angemacht, auch mit Nüssen, Früchten und Kräutern. Lollo Rosso, Radicchio, Frisée- und Endiviensalat sowie die äußeren Salatblätter vom Kopfsalat dürfen Sie reichlich essen.

Salatsoßen

Mischen Sie für die **reizarme und glutenfreie Diät** Zitronensaft, Joghurt oder saure Sahne mit je 1 Prise Salz und Zucker, eventuell einem Teelöffel Öl und zarten, fein gehackten Kräutern wie Petersilie, Dill oder Basilikum.

Mischen Sie für die **ballaststoffreiche Kost** Essig oder Zitronensaft mit 1 Messerspitze Senf oder Meerrettich und je 1 Prise Salz und Zucker.

Nach Belieben dazu: fein gehackte Zwiebeln, frische Kräuter wie Dill, Schnittlauch, krause Petersilie, Borretsch und Liebstöckel. Statt Öl können Sie Sahne, saure Sahne, Crème fraîche oder Joghurt an die Soße geben.

Für die **glutenfreie Diät** und für die ballaststoffreiche Kost können Sie die Salatsoßen nach Verträglichkeit und nach Belieben verändern.

Zarte Gemüserohkost

E 3 g	F 1,5 g	KH 20 g
kcal 110	kJ 460	

glutenfrei und reizarm

100 g junge Karotten oder Kohlrabi, Rettich, Radieschen, rote Bete, Zucchino
50 g Joghurt
½ mittelgroßer Apfel (50 g), geraspelt oder in kleinen Würfeln
1 TL Zitronensaft
1 Pr. Zucker
evtl. 1 TL Apfeldicksaft, Sanddornsirup oder Honig oder 1 Msp. geriebene Schale einer unbehandelten Orange

Das Gemüse fein reiben (Zucchino grob raspeln) und mit Joghurt, Apfel, Zitronensaft und Zucker mischen. Möglichst nicht salzen. Nach Belieben mit Apfeldicksaft, Sanddornsirup, Honig oder Orangenschale abschmecken.

Chicoréerohkost

E 1 g	F 5 g	KH 14 g
kcal 110	kJ 460	

glutenfrei und reizarm

50 g Chicoréeblätter
½ mittelgroßer Apfel (50 g), in Schnitzen
50 g Orangen- oder Mandarinenfilets oder 50 g Banane, in Scheiben
1 TL Öl (5 g)
1 EL Zitronensaft
1 Pr. Salz
1 Pr. Zucker oder 1 Msp. Honig

Die Chicoréeblätter quer in feine Streifen schneiden und mit den Früchten mischen. Öl, Zitronensaft, Salz und Zucker oder Honig verrühren und die Rohkost damit schmackhaft anmachen.

Variation

Nehmen Sie statt Chicorée fein geschnittenen Fenchel oder Stangensellerie.

Fenchelsalat mit Currysoße

E 6,5 g	F 14 g	KH 13 g
kcal 210	kJ 880	

glutenfrei und ballaststoffreich

1 kleine Fenchelknolle (150 g)
1 EL Zitronensaft
1 Pr. Salz, 1 TL Currypulver
1 Msp. Senf
50 g Sahnejoghurt
15 g grob gehackte Haselnüsse

Das Fenchelkraut zum Dekorieren zur Seite legen. Die Knolle längs in bleistiftdicke Scheiben schneiden. Auf einem Siebeinsatz über Wasserdampf oder nebeneinander liegend in einem weiten Topf in wenig Wasser garen. Danach mit Zitronensaft und Salz würzen.
Die Fenchelscheiben abtropfen lassen und nebeneinander auf einem großen Teller anrichten. Für die Soße 1 bis 2 Eßlöffel der Kochflüssigkeit mit Salz, Currypulver, Senf und Joghurt verrühren. Die Soße über den Fenchel geben, die Nüsse darüberstreuen und den Salat mit Fenchelkraut dekorieren.

Tip

Schneiden Sie den Chicorée für die **ballaststoffreiche Kost** in große Stücke und mischen Sie ihn mit ungeschältem Apfel, Früchten nach Wahl (Trauben) und gehackten Nüssen.
Hübsch sind auch ganze Chicoréeblätter als Schiffchen, gefüllt mit Obst, Gemüse und Nüssen.

Rote-Bete-Rohkost

E 2,5 g	F 10 g	KH 10 g
kcal 145	kJ 605	

glutenfrei und ballaststoffreich

- 100 g rohe, geschälte rote Bete
- 1 EL Essig
- je 1 Pr. Salz und Pfeffer
- 1 EL Öl (10 g)
- 1 EL frisch geriebener Meerrettich (15 g)

Die roten Bete mit dem Gemüsehobel in hauchdünne Scheiben schneiden und auf einen Salatteller legen. Essig mit Salz, Pfeffer und Öl verrühren und das Gemüse damit beträufeln oder bestreichen.

Zugedeckt etwa 1 Stunde ziehen lassen und vor dem Servieren den frischen Meerrettich über die Rote-Bete-Rohkost reiben.

Desserts

Nehmen Sie Süßspeisen und Desserts erst nach ärztlicher Erlaubnis in Ihre Diät auf, oder dann, wenn Sie Süßes wirklich vertragen. In diesem Fall können Sie zum Süßen neben Zucker auch Honig oder Malz verwenden.
Wenn Sie keinen Zucker vertragen oder Gewichtsprobleme haben, kann Süßstoff den Zucker ganz oder teilweise ersetzen. Die folgenden Rezepte sind mit Zucker angegeben und berechnet. Ersetzen Sie ihn bei Bedarf durch Süßstoff.

Bei **milchfreier Kost** (Disaccharidasemangel siehe Seite 30), auch wenn Sie Butter und eventuell Sahne vertragen, sind Milch, Quark und Joghurt auch für Desserts **nicht** geeignet. Hier könnten Sie an Stelle von Milch mit Wasser verdünnte Sahne verwenden.
Gekochte Früchte, vor allem Äpfel und Birnen, Aprikosen und Pfirsiche sind für die **reizarme Kost** schon sehr bald als Kompott geeignet. Ein Rezept dazu finden Sie auf Seite 79.

Grießschaumspeise

E 1 g	F 0 g	KH 30 g
kcal 130	kJ 545	

reizarm

Für 2 Portionen

- 250 ml ungesüßter Fruchtsaft
- 1 geh. EL Grieß (20 g)
- 1 Msp. geriebene Schale einer unbehandelten Zitrone
- 2 EL Zucker (20 g) oder Süßstoff nach Geschmack

Den Fruchtsaft mit Grieß, Zitronenschale und Zucker oder Süßstoff unter Rühren erhitzen und ein paar Minuten kochen lassen. Dann die heiße Masse in eine tiefe Schüssel füllen und mit dem elektrischen Rührgerät auf höchster Stufe so lange schlagen, bis eine schaumige Creme entstanden ist.

Variationen

Für dieses Dessert eigenen sich Kirsch- oder Johannisbeersaft besonders gut. Sie können die Schaumspeise gegebenenfalls auch mit Magermilch zubereiten.

Ingwercreme

E 8 g	F 21 g	KH 37 g
kcal 380	kJ 1590	

glutenfrei

- 1 Ei, getrennt
- 1 ½ EL Zucker (15 g)
- 1 EL Ingwersirup (20 ml)
- 1 fein gehackte Ingwerpflaume (20 g)
- 1 Blatt weiße Gelatine (siehe dazu die Anmerkung Seite 76)
- 50 ml Sahne

Das Eigelb mit 1 Eßlöffel heißem Wasser und Zucker im Wasserbad schaumig schlagen. Den Ingwersirup und die gehackte Ingwerpflaume hinzufügen. Die Gelatine in kaltem Wasser einweichen, herausnehmen und in der Eigelbcreme auflösen. Die Masse nun kalt stellen, bis sie zu gelieren beginnt. In der Zwischenzeit das Eiweiß und die Sahne getrennt steif schlagen und unter die Creme ziehen. In eine Schale füllen und mindestens ½ Stunde kühl stellen.

Tip

Sahnecremes können bis zu einem Tag aufbewahrt werden.

Feine Fruchtcreme

E 9 g	F 0 g	KH 20 g
kcal 120	kJ 500	

glutenfrei und reizarm

125 g passierte Früchte = 1/8 l Fruchtmark oder Fruchtsaft
1 TL Zitronensaft
1 EL Zucker (10 g)
oder Süßstoff nach Belieben
2 Blatt weiße Gelatine
1 Eiweiß oder 30 g Sahne
(in der Berechnung des Fettgehalts ist die Sahne nicht berücksichtigt)

Das Fruchtmark mit Zitronensaft und Zucker oder Süßstoff sowie der aufgelösten Gelatine mischen und in den Kühlschrank stellen, bis die Masse zu gelieren beginnt. In der Zwischenzeit das Eiweiß oder die Sahne steif schlagen und unterziehen.

Variationen

Besonders gut eignen sich für diese Creme: Erdbeeren, Himbeeren, Bananen, Aprikosen, Orangen frisch, tiefgefroren oder als passiertes Kompott.

Zum **Kaloriensparen** stellen Sie die Creme nur mit Süßstoff und Eischnee her. Bei Bananen ist 1 Blatt Gelatine für das Rezept ausreichend.

Für **Schokoladen-** oder **Moccacreme** nehmen Sie statt Fruchtmark 1/8 Liter Milch mit 1 Teelöffel Kakaopulver oder Pulverkaffee.

Merke:

Gelatine ist ein reizarmes, kohlenhydrat- und **glutenfreies** Bindemittel für kalte süße und salzige Speisen.

Weichen Sie die Blätter immer in mindestens 1/4 Liter kaltem Wasser ein, bis sich auch die Ränder ganz weich anfühlen. Die Gelatine wird dann aus dem Wasser genommen und in einer Tasse, die in ein heißes Wasserbad gestellt wird, aufgelöst, um sie dann in flüssiger Form in eine kalte Speise zu rühren.

Heißen Speisen kann man die eingeweichten Blätter unaufgelöst hinzugeben. Die Speise wird fest, wenn sie kalt ist.

Einer Creme gibt man erst dann Eischnee oder geschlagene Sahne hinzu, wenn die Flüssigkeit mit der eingerührten Gelatine zu stocken beginnt, da sie sich sonst wieder absetzen würde.

Flüssigkeiten mit Gelatine sollten niemals gekocht werden.

Ambrosiagelee

E 4,5 g	F 12 g	KH 27 g
kcal 225	kJ 940	

glutenfrei und reizarm

- 100 g saure Sahne
- 50 ml Milch
- 2 EL Zucker (20 g)
- 1 Msp. geriebene Schale einer unbehandelten Zitrone
- 1 TL Zitronensaft, 1 TL Vanillezucker oder 1 Msp. Vanillemark
- 1 Blatt rote Gelatine

Die saure Sahne mit Milch und Zucker schaumig schlagen. Mit Zitronenschale, -saft und Vanillezucker oder -mark abschmecken. Die Gelatine in kaltem Wasser einweichen, dann aus dem Wasser nehmen und in einer Tasse im Wasserbad auflösen. Von der vorbereiteten Creme 2 bis 3 Eßlöffel unter die Gelatine rühren, dann die vorbereitete Gelatinesoße unter die übrige Creme schlagen. Diese in eine Schale füllen und 1 bis 2 Stunden kalt stellen.

Kompott aus frischen Früchten

E 0 g	F 0 g	KH ca. 10 g
kcal ca. 40	kJ ca. 170	

glutenfrei und reizarm

Für 2–3 Portionen

250 g geschältes, entkerntes Obst in Stücken (Äpfel, Birnen, Aprikosen, Kirschen, Pfirsiche, Mangos, Papayas)
½ unbehandelte Zitrone
1 kleines Stück Zimtstange
1 Nelke
Süßstoff oder wenig Zucker (1–2 EL)

Die vorbereiteten Früchte einzeln oder gemischt mit ¼ bis ½ Liter Wasser in einen Topf geben. Die Zitrone schälen und auspressen und den Saft und ein Stückchen Schale sowie Zimt oder Nelke hinzufügen. Zusammen weich dünsten, nicht sprudelnd kochen lassen. Dann nach Belieben süßen und vor dem Servieren die Gewürze herausnehmen.

Variation

Mischen Sie 100 g gekochten Reis mit 1 Portion Kompottfrüchten als kleine Zwischenmahlzeit oder leichtes Dessert, und heben Sie den Fruchtsaft zum Trinken auf.

Apfelsalat

E 2,5 g	F 21 g	KH 31 g
kcal 220	kJ 930	

glutenfrei und ballaststoffreich

1 roter Apfel (150 – 175 g)
50 ml süße Sahne
1 EL Zucker (10 g) oder
1 TL Honig (10 g)
1–2 TL Zitronensaft
10 g gehackte, geröstete Nüsse

Den Apfel mit der Schale auf einer groben Reibe raspeln oder in feine Schnitze schneiden. Mit Sahne (eventuell geschlagen), Zucker oder Honig und Zitronensaft mischen. Nun die Nüsse darüberstreuen und sofort servieren.

Variationen

Sie können den Apfelsalat mit Trockenfrüchten, wie Sultaninen, Datteln, Feigen oder Pflaumen, verändern. Lassen Sie zum **Kaloriensparen** die Sahne und den Zucker weg, variieren Sie beliebig mit anderen frischen Früchten.

Gebackenes

Für die **glutenfreie Diät** gibt es glutenfreie Fertigmehle von mehreren Firmen. Sie lassen sich meist wie normale Haushaltsmehle einsetzen. Beachten Sie trotzdem immer die Packungsaufschriften und Empfehlungen.

Eiweißfreies Diätmehl ist auch **glutenfrei** und kann für die Diät verwendet werden.

Zum Backen eignen sich außerdem Stärkesorten: Mondamin (Mais), Gustin (Kartoffeln) und Weizenin (Weizen).

Bei Unklarheiten bezüglich anderer Mehlsorten sind Rückfragen an den Hersteller oder an die Deutsche Zöliakie-Gesellschaft (Anschrift siehe S. 22) angeraten. Glutenfreie Kleieprodukte und Kastanienmehl können zum Backen mitverwendet werden.

Zucker, ganz oder teilweise durch Honig ersetzt, bewirkt, daß das Gebäck nicht zu brüchig wird. Für die **ballaststoffreiche Kost** sollten Sie stets Vollkornmehle verwenden.

Schokoladenbiskuitrolle

E 3,5 g	F 3 g	KH 18 g	kcal 115	kJ 480

glutenfrei

Für 10 Stücke

Teig:

4 Eier
100 g Zucker
1 ½ EL flüssiger Honig (30 g)
1 Pr. Salz
60 g Speisestärke
30 g Kakaopulver

Füllung:

100 g Johannisbeergelee oder
Erdbeerkonfitüre
oder 1 Portion Creme
(siehe Rezept Seite 76) oder Sahne

Ein Backblech mit Pergament- oder Backpapier belegen. Die Eier mit Zucker, Honig und Salz sehr schaumig schlagen. Die Stärke und den Kakao darübersieben und vorsichtig unter die Eiercreme heben. Den Teig auf das vorbereitete Blech streichen und 10 Minuten im vorgeheizten Ofen bei 200°C backen.
Danach sofort auf ein nasses Tuch stürzen und das Papier anfeuchten und abziehen. Gelee oder Konfitüre verrühren und auf die heiße Fläche streichen. Mit Hilfe des Tuches sofort zur Roulade einrollen.

Wenn Sie die Biskuitrolle mit Creme oder Sahne füllen wollen, muß sie vorher völlig erkalten. Dazu den Boden nach dem Stürzen und Entfernen des Backpapiers mit Hilfe eines frischen, dazwischengelegten Papierbogens locker einrollen und so abkühlen lassen. Nach dem Abkühlen die Rolle wieder öffnen, das Papier entfernen, füllen und erneut einrollen.

Tip

Für die **glutenfreie Diät** können Sie den Biskuitteig für Obstkuchen, Kastenkuchen oder Rouladen nach herkömmlichen Rezepten zubereiten. Nehmen Sie statt Mehl nur Speisestärke oder glutenfreies Diätmehl.
Für **glutenfreien Biskuitzwieback** schneiden Sie einfach fertig gebackenen, erkalteten glutenfreien Biskuitkuchen in dünne Scheiben. Im Backofen auf dem Rost liegend, bei schwacher Ofenhitze (100–150°C) wird der Zwieback dann etwa 20 Minuten nachgebacken, bis die Stücke hart, aber nicht dunkelbraun sind. Zwieback ist bei trockener Lagerung 1 bis 2 Monate haltbar.

Weingeistkuchen

E 2 g | F 12,5 g | KH 24 g
kcal 225 | kJ 940

glutenfrei

Für 15 Stücke

200 g Butter oder Diätmargarine
200 g Puderzucker
1 Päckchen Vanillezucker
4 Eier, getrennt
200 g Kartoffelstärke (Gustin)
½ Päckchen Backpulver
50 ml Weingeist
1 gefettete Springform
(24 oder 26 cm Durchmesser)
oder 1 gefettete Rodonform

Die Butter oder Diätmargarine mit Puderzucker, Vanillezucker und den Eigelben schaumig rühren. Die Stärke mit Backpulver darübersieben und unterziehen. Die Eiweiße zu Schnee schlagen und zuletzt mit dem Weingeist unter den Teig heben. In die vorbereitete Form füllen und bei 175°C etwa 70 Minuten backen.

Bunte Weihnachtsplätzchen

E 0,5 g | F 3 g | KH 5 g
kcal 50 | kJ 210

glutenfrei

Für ca. 80 Stück

200 g Butter oder Diätmargarine
100 g Zucker
1 kleines Ei (Gewichtsklasse 3 oder 4)
300 g glutenfreie Kuchenmehlmischung
50 g geraspelte Bitterschokolade
40 g Kokosflocken
60 g geriebene Mandeln oder Nüsse

Die Butter oder Margarine mit dem Zucker und dem Ei schaumig rühren. Das gesiebte Mehl nach und nach einarbeiten und den Teig in 3 Teile teilen. Die einzelnen Portionen mit Schokolade, Kokosflocken, Mandeln oder Nüssen verkneten. Zu Hörnchen oder Ringen formen oder den Teig auswellen und verschiedene Plätzchen ausstechen. Die Plätzchen auf einem mit Backpapier belegten Blech bei 200°C 7 bis 8 Minuten backen.

Variationen

Für Schokobrezeln können Sie auch ein Teigdrittel mit geschmolzener Kuvertüre verkneten oder mit 50 g fein gehackten kandierten Früchten mischen. Den Früchteteig mit 2 Teelöffeln als kleine Kugeln auf das Blech setzen und backen.

Tip

Bei der **glutenfreien Diät** können Sie alle mehlfreien Sorten essen, zum Beispiel Nuß- oder Mandelmakronen, Kokosflocken, Baisergebäcke und mehlfreie Elisenlebkuchen. Sind diese Kekse auf Oblaten gebacken, so müssen Sie die Oblaten vor dem Essen entfernen. Bei gekauften Sorten sind im Zweifelsfall Rückfragen an den Hersteller zu richten.

Käsekuchen mit Kirschen

E 22 g	F 3 g	KH 30 g
kcal 240	kJ 1005	

glutenfrei

Für 12 Stücke

- 1500 g Magerquark
- 350 ml Milch
- 100 g Speisestärke
- 200 g Zucker
- 3 Eier, getrennt
- geriebene Schale von 1 unbehandelten Zitrone
- 1 Päckchen Vanillezucker
- 200 g entsteinte Kirschen
- 1 Springform (26 cm Durchmesser), mit Pergamentpapier ausgelegt, mit flüssiger Butter oder Margarine eingefettet

Den Quark mit Milch, Speisestärke, Zucker und den Eigelben verrühren. Die Eiweiße zu Schnee schlagen und mit der Zitronenschale und dem Vanillezucker unter die Quarkmasse heben. Diese in die vorbereitete Form füllen, die Kirschen darauf verteilen und bei 175°C 75 Minuten backen.

Variationen

Statt Kirschen können Sie Aprikosen, Äpfel oder Birnen mitbacken.
Sultaninen oder Zitronat passen auch gut zu diesem Teig. Nach Belieben können Sie vor dem Backen Mandelblättchen über das Obst streuen.

Gewürzbrot

E 2,5 g	F 4,5 g	KH 20 g
kcal 130	kJ 545	

glutenfrei und ballaststoffreich

Für 20 Scheiben
450 g glutenfreie Brotmehlmischung
25 g Sojaschrot
25 g Sonnenblumenkerne
4 EL Öl (40 g)
1 Ei
1 TL Salz
je 1 TL gemahlener Koriander,
Fenchel und Kümmel
1 Würfel Hefe (40 g)
½ l lauwarme Milch
1 gefettete Kastenform (30 cm lang)

Die Mehlmischung in eine Schüssel sieben und mit Sojaschrot, Sonnenblumenkernen, Öl, Ei, Salz und den Gewürzen mischen. Die Hefe in lauwarmer Milch auflösen, zum Teig geben und gut durchkneten. Den Brotteig in die vorbereitete Form füllen und an einem warmen Ort etwa um ⅓ der Höhe aufgehen lassen. Dann 50 bis 60 Minuten im vorgeheizten Ofen bei 175°C backen.

Feiner Sandkuchen

E 1,5 g	F 11 g	KH 24 g
kcal 210	kJ 880	

glutenfrei

Für 20 Stücke

1 Kastenform (30 cm lang)

Backpapier

250 g Butter oder Diätmargarine

250 g Zucker

1 Päckchen Vanillezucker

4 Eier

250 g Speisestärke

geriebene Schale von ½ unbehandelten Zitrone

1 EL Arrak oder Rum

Eine Kastenform mit Backpapier auslegen. Für den Teig die Butter oder Diätmargarine sehr schaumig rühren. Zucker, Vanillezucker und Eier abwechselnd hinzufügen und so lange kräftig rühren, bis sich der Zucker gelöst hat. Dann die Stärke eßlöffelweise einarbeiten. Zuletzt die Zitronenschale, den Arrak oder Rum unterziehen.

Den Teig in die vorbereitete Kastenform füllen und 1 Stunde bei 175°C backen. Machen Sie die Garprobe mit einem Holzstäbchen.

Tip

Der Kuchen ist sehr lange haltbar. Er bleibt feucht, wenn er, in Pergamentpapier oder Folie verpackt, in einer Dose aufbewahrt wird. Nach Belieben können Sie ihn mit Zitronenglasur überziehen oder dünn mit Puderzucker bestäuben.

Leinsamenbrot aus dem Tontopf

E 3 g	F 2 g	KH 16 g
kcal 100	kJ 420	

ballaststoffreich

Für 30 halbe Scheiben

500 g Weizenschrot

½ l Wasser

2 Päckchen Trockenhefe

1 EL Salz

1 TL Kümmel oder Koriander

250 g Mehl Type 405

50 g grob geschroteter Leinsamen

1 gewässerter Tontopf (mit 1½ l Fassungsvermögen)

2 EL flüssige Butter oder Margarine

Das Weizenschrot mit Wasser anrühren und 4 bis 5 Stunden quellen lassen. Anschließend die Trockenhefe, Salz und die Gewürze einarbeiten und den Teig ½ Stunde ruhen lassen. Danach das helle Mehl und den Leinsamen unterkneten. Den gewässerten Tontopf samt Deckel sorgfältig einfetten, den Teig hineingeben und den Topf schließen. 15 Minuten an einem warmen Ort stehen lassen. Den Topf in den kalten Backofen stellen, auf 200°C einstellen und etwa 2 Stunden backen.

Tip

Man erkennt am Klopfen, ob Brot durchgebacken ist. Es klingt hohl, wenn Sie mit dem Fingerknöchel an den frisch gebakkenen, heißen Brotlaib wie an eine Tür klopfen.

Buttermilchfladen

E 5 g	F 0,5 g	KH 34 g
kcal 155	kJ 690	

reizarm

Für 6 Stück

200 g Mehl Type 405
50 g Roggenmehl oder
Weizenvollkornmehl
1 Päckchen Trockenhefe
½ TL Salz
250 ml Buttermilch
1 TL Kümmel oder Fenchelsamen oder
grobes Salz zum Bestreuen

Die Mehle mit Trockenhefe und Salz mischen. Die Buttermilch auf Zimmertemperatur erwärmen, dazugeben und einen Teig anrühren. Diesen gründlich kneten und etwa 30 Minuten an einem warmen Ort ruhen lassen. Den leicht aufgegangenen Teig erneut gut kneten und in 6 Stükke teilen. Diese jeweils zu Kugeln formen und auf bemehlter Unterlage zu fingerdicken Fladen ausrollen. Die Fladen auf ein gefettetes Backblech legen und in der Mitte mehrmals mit einer Gabel einstechen. Die Oberfläche mit Wasser bestreichen und mit Kümmel oder Fenchelsamen oder Salz bestreuen. Knapp zur doppelten Höhe aufgehen lassen. Dann bei 200°C 15 bis 20 Minuten hellbraun backen.

Variationen

Nehmen Sie für die **milchfreie Diät** Wasser als Flüssigkeit, dazu 1 Eßlöffel Öl oder 2 Eßlöffel Butter oder Margarine (20 g).

Kleiner Pannetone

E 5 g	F 7 g	KH 35 g
kcal 230	kJ 960	

reizarm und milchfrei

Für 4 Portionen

125 g Mehl Type 405
⅛ Würfel Hefe (5 g)
75 ml Wasser, 1 Pr. Zucker
1 Eigelb
1 ½ EL weiche Butter oder Margarine
1 Pr. Salz, 2 EL Zucker (20 g)
1 EL Zitronat, Orangeat oder Rosinen
1 TL Butter oder Margarine (5 g)
1 neuer Blumentopf aus Ton
(9 oder 11 cm Durchmesser),
mit Backpapier ausgelegt

Das Mehl in eine Schüssel geben und in die Mitte eine Mulde drücken. Die Hefe mit Wasser, Zucker und 1 Eßlöffel des Mehls verrühren und in die Mulde gießen. Ruhen lassen, bis sich Blasen bilden. Dann das Eigelb, die Butter oder Margarine, Salz und Zucker hinzugeben und einen Teig kneten. Bis zum leichten Aufgehen wieder ruhen lassen, dann Zitronat, Orangeat oder Rosinen hinzufügen und erneut durchkneten. Den Teig in den vorbereiteten Blumentopf geben und bis knapp zur doppelten Größe aufgehen lassen. Danach oben in der Mitte kreuzweise 1 cm tief einschneiden und vorsichtig 1 Teelöffel Butter oder Margarine hineindrücken. Bei 200°C in den Backofen stellen, nach 10 Minuten auf 180°C zurückschalten und insgesamt 40 Minuten backen.
Den Pannetone abkühlen lassen. Aus dem Topf nehmen, in Folie wickeln und 2 bis 3 Tage kühl aufbewahren.

Kleine Mahlzeiten und Getränke

Milchprodukte

Quark wird im Handel in 3 Fettstufen angeboten. Nehmen Sie an **strengen Diättagen** nur die erlaubte Fettstufe. Sie können Quark mit Mager- oder Buttermilch, Milch, Joghurt oder, wenn erlaubt, mit Sahne cremig rühren. Einfacher Doppelrahmfrischkäse kann an strengeren Diättagen als dünner Brotaufstrich verwendet werden.

Bei Disaccharidasemangel, also in der **milchfreien Kost,** sind Quark und Käse aller Art zu vermeiden.

Quark ist glutenfrei, er kann in der Diät zöliakiekranker Patienten beliebig mit Kräutern und Gewürzen, Gemüse oder Früchten angerührt werden.

Für die **ballaststoffreiche Kost** ist Quark (selbst ballaststoffrei) eine willkommene Abwechslung, gleich in welcher Zubereitungsart. Hierbei können Sie mit Kräutern, Gewürzen, Gemüse und Früchten nach Belieben immer wieder neu variieren.

Tip

Körniger Frischkäse, wie Hüttenkäse, mit 20% Fett in der Trockenmasse (i. Tr.), enthält etwa 7% reines Milchfett. Er kann wie Quark verwendet werden. Ricotta ist italienischer Frischkäse, meist sehr mild und cremig.

Belegte Brote und Toasts

Für die **reizarme Kost** werden Weißbrot, Toastbrot und Brötchen (besser nicht ganz frisch) empfohlen. Nach eigener Verträglichkeit können Sie bald leichtes Vollkorntoastbrot und Weizenknäckebrot, Vollkornzwieback und trockene Schwedenbrötchen essen. Auch gut durchgebackenes Mischbrot ist erlaubt.

In der **glutenfreien Diät** ist ausschließlich Diätbrot aus glutenfreiem Mehl erlaubt. Sie können das Brot selbst backen, im Reformhaus kaufen oder von den Firmen direkt beziehen. Die Auswahl ist umfangreich, auch Vollkorn- und Mischbrote sowie Knäckebrot stehen zur Verfügung.

Für die **ballaststoffreiche Kost** sollten Sie Vollkornbrote und -brötchen bevorzugen. Das Angebot an Dauerbackwaren wie Knäckebrot und ungesüßten Vollkornkeksen ist umfangreich und bietet viel Abwechslung.

Nehmen Sie als Aufstrichfett, wenn Sie keine Butter vertragen, mct-Margarine. Zusammen mit Kräutern, Senf, Tomatenmark oder gekochtem, passiertem Eigelb können Sie daraus auch sehr einfach leckere Brotaufstriche zubereiten.

Als **Brotbelag** können Sie für die **reizarme Kost** je nach Appetit und Verträglichkeit angemachten Quark, fettarme frische Wurst, kalten Braten, kaltes Geflügelfleisch oder fettarmen gekochten

oder rohen, mild geräucherten Schinken nehmen. Auch milder Frischkäse ist geeignet und ist Käsezubereitungen vorzuziehen.

In der **glutenfreien Diät** ist Vorsicht geboten bei Leberwurst, Käsezubereitungen und fertigen Pasten, die häufig Getreideanteile enthalten. Bitte lesen Sie stets sorgfältig die Zutatenlisten auf den Packungen.

Für die **ballaststoffreiche Kost** gibt es keine Vorschriften beim Brotbelag. Überbackene Brote beziehungsweise Toasts bringen hier eine willkommene Abwechslung. Sparen Sie nicht mit Kräutern und Gewürzen.

Schaumspiegelei

E 10 g	F 7,5 g	KH 12 g
kcal 160	kJ 670	

reizarm

1 Scheibe Toastbrot (25 g),
evtl. Vollkorntoast
1 kleines Ei
1 Pr. Salz
1 TL gehackte Petersilie
1 TL Reibkäse (5 g)

Den Backofen oder Grill vorheizen. Das Brot im Toaster leicht anrösten. Das Ei trennen und das Eiweiß mit Salz zu Schnee schlagen. Die Petersilie unterheben. Den Eischaum auf dem Toastbrot verteilen, in die Mitte eine Vertiefung drücken und hier das Eigelb hineinsetzen. Den Schaum mit Reibkäse bestreuen. Das Ganze nun unter dem Grill oder im Backofen kurz garen, bis sich braune Spitzen auf dem Eischaum zeigen und den Toast heiß servieren.

Tip

Für die **glutenfreie Diät** können Sie den nach diesem Rezept zubereiteten Eischaum auch auf halbierte Tomaten setzen und überbacken.

Milde Schinkensülze

E 30 g	F 27 g	KH 3,5 g
kcal 390	kJ 1630	

glutenfrei und reizarm

Für 2 Portionen

2 Blatt weiße Gelatine, eingeweicht
150 ml milde Brühe
1 TL Essig oder Zitronensaft
1 Pr. Salz
2 Scheiben milder Kochschinken (100 g) oder Putenschinken
1 kleine gekochte Karotte (50 g), in Scheiben
2–3 Petersilienzweige
1 gekochtes Ei, in Scheiben

Die Gelatine in heißer Brühe auflösen. Mit Essig oder Zitronensaft und Salz abschmecken. Mit einem Teil der Brühe einen Spiegel in ein oder zwei Schälchen gießen und erkalten lassen. Dann den Schinken, die Karottenscheiben, die Petersilie und die Eischeiben dekorativ darauf verteilen. Die restliche Aspikflüssigkeit darübergießen und die Sülze im Kühlschrank erstarren lassen. Vor dem Servieren stürzen.

Variationen

Für Sülzen können Sie jeden kalten Braten, Geflügel, auch Fischreste und gares Gemüse aller Art verwenden. Sülzen sind im Kühlschrank 2 bis 3 Tage haltbar.

Für die **ballaststoffreiche Kost** sollten Sie reichlich Gemüse und Kräuter in die Sülze geben. Hier passen als Beilagen Vollkornbrot oder Bratkartoffeln.

Zunge in Gemüsevinaigrette

E 10 g	F 18 g	KH 6 g
kcal 235	kJ 985	

glutenfrei und ballaststoffreich

50 g Pökelzunge, in Scheiben
1 Bund Suppengemüse (100 g), in feinsten Würfeln
4–5 Petersilienzweige oder junge Sellerieblätter
1 EL Essig
1 EL Öl (10 g)
1 Pr. Salz
1 Pr. schwarzer Pfeffer
1 Msp. Senf
1 TL Zitronensaft

Die Zungenscheiben dekorativ auf einen Teller legen und zugedeckt kalt stellen. Das Gemüse 1 bis 2 Minuten in wenig Wasser oder über Wasserdampf garen, dann kalt abschrecken. Die Petersilie oder Sellerieblätter fein hacken und mit dem Gemüse und allen übrigen Zutaten mischen, eventuell 1 bis 2 Eßlöffel vom Gemüsesud hinzugeben. Kräftig abschmecken, die Vinaigrette auf der Zunge verteilen und sofort servieren.

Bauernbrot mit Schinkenrührei

E 29 g	F 31 g	KH 38 g
kcal 565	kJ 2365	

ballaststoffreich

1 Scheibe Bauernbrot oder
Vollkornbrot (75 g)
1 EL Butter oder Margarine (10 g)
30 g Gurken, in dünnen Scheiben
oder 2–3 grüne Salatblätter
2 Scheiben Schinken (50 g), in Würfeln
2 kleine Eier
1 Pr. Salz
1 Pr. schwarzer Pfeffer
1 EL geschnittener Schnittlauch

Das Brot dünn mit Butter oder Margarine bestreichen und mit Gurkenscheiben oder Salatblättern belegen.
Den Schinken in der restlichen Butter in einer beschichteten Pfanne andünsten. Die Eier verquirlen, eventuell leicht salzen und darübergeben. Stocken lassen und auf das vorbereitete Brot verteilen. Mit Pfeffer würzen und dick mit Schnittlauch bestreuen.

Variationen

Nehmen Sie statt des Schinkens Wurst, gekochtes Rindfleisch oder Krabben.
Würziger und knuspriger wird dieses Gericht, wenn Sie das Brot zuerst toasten.

Getränke

Besprechen Sie mit ihrem Arzt, was und wieviel Sie trinken sollen. Das ist äußerst wichtig, denn oft muß ein großer Flüssigkeitsverlust (bei Durchfällen) durch Trinken ausgeglichen werden.

Empfehlungen für die reizarme Kost:

- Hier bietet sich leichter schwarzer Tee, eventuell als zweiter Aufguß oder mit Milch gemischt, an.
- Auch Kräutertees nach Wahl, aus Pfefferminz mit Kamille und Kümmel gemischt, oder Kamillentee, Fencheltee und Pfefferminztee (zur Erfrischung: Pfefferminztee mit Orangensaft) sind geeignet.
- Fencheltee, bereitet aus 1 Teelöffel frisch zerdrückten Fenchelsamen, die mit 1 Liter Wasser aufgebrüht werden, ist sehr bekömmlich. Der Tee muß 10 Minuten ziehen, darf aber nicht kochen. Dann seiht man ihn ab und trinkt ihn warm oder kalt.
- Oder trinken Sie Stilles Mineralwasser (ohne Kohlensäure).
- Trinken Sie bei schweren Durchfällen von Kohlensäure befreites, angewärmtes Cola und Fleischbrühe im Wechsel (dazu sollten Sie unbedingt den Arzt befragen), vor allem bei Reisedurchfällen.
- Ideal ist auch Saft von selbst hergestelltem Fruchtkompott (siehe Rezept Seite 79).

Bei **Darmträgheit** fördert schwarzer Bohnenkaffee, eventuell mit Sahne, die Aktivität des Darmes.

Porridge

E 9 g	F 7,5 g	KH 37 g
kcal 255	kJ 1065	

reizarm

- 1/8 l Wasser
- 150 ml Milch
- 1 Pr. Salz
- 30 g mittelfeine Haferflocken
- 2 TL Zucker (10 g)

Das Wasser mit der Hälfte der Milch und Salz zum Kochen bringen. Die Haferflocken einstreuen und bei milder Hitze ausquellen lassen. Den Brei in eine Schale geben, mit Zucker bestreuen und mit der übrigen, noch kalten Milch begießen.

Tip

Porridge kann auch ausschließlich mit Wasser zubereitet und mit frischer Milch übergossen werden. In England ist er ein beliebter Frühstücksbrei.

Mildes Müsli

E 11 g	F 6 g	KH 50 g
kcal 305	kJ 1275	

reizarm

1 Becher milder Naturjoghurt (150 g)
1 kleiner Apfel (100 g)
½ Banane (50 g)
evtl. 1 TL Honig, Zucker oder Konfitüre
oder Süßstoff nach Belieben
1 TL Zitronensaft
3 EL Haferfleks (20 g)
oder 1 EL feine Haferflocken (20 g)
oder 3 EL Corn-flakes

Den Joghurt rühren und den Apfel hineinreiben. Die Banane, zerdrückt oder in Scheiben, sofort mit unterheben.
Nach Belieben leicht süßen und mit Zitronensaft abschmecken. Zuletzt die Haferfleks, Haferflocken oder Corn-flakes darüberstreuen.

Variationen

Nehmen Sie je nach Verträglichkeit Mager- oder Sahnejoghurt, Kompottfrüchte oder reife, frische Birnen für Ihr Müsli.
Für die **glutenfreie Diät** dürfen Sie nur glutenfreie Getreideprodukte wie Corn-flakes, Reisflocken oder glutenfreie Diätflocken einsetzen.

Frischkornmüsli

E 8 g	F 6 g	KH 58 g
kcal 325	kJ 1360	

ballaststoffreich

50 g Weizen- oder Roggenkörner
100 ml Wasser
1 TL Zitronensaft
1 kleiner, fein geriebener Apfel (100 g)
1 EL gehackte Nüsse oder Mandeln
100 g frisches Obst der Jahreszeit,
in Stücken (Erdbeeren, Kirschen, Pfirsich,
Aprikosen, Johannisbeeren)

Den Weizen oder Roggen in einer Getreidemühle mittelfein mahlen, Wasser hinzugeben und über Nacht einweichen. Erst kurz vor dem Servieren den Zitronensaft, geriebenen Apfel und Nüsse untermischen. Das Müsli in eine Schale geben und reichlich mit Obststücken garnieren.

Merke:
Dieses Müsli mit gemahlenem Getreide können Sie nur zubereiten, wenn Sie eine Getreidemühle besitzen oder das Getreide in einem Bioladen oder Reformhaus frisch mahlen lassen. Wichtiq ist, daß das Getreide nach dem Mahlen frisch verarbeitet und in Wasser eingeweicht wird, um seine Inhaltsstoffe zu bewahren.

Variation

Statt selbst gemahlenes Getreide können Sie für das Müsli auch Getreideflocken aller Art oder fertige Müslimischungen nehmen. Achten Sie darauf, daß wenig Zucker darin enthalten ist.

Rezeptverzeichnis

Nützliche Ratgeber

Stand: Sommer 1988

Essen und Trinken

FALKEN EXKLUSIV
Kochen in höchster Vollendung
Aus vier Elementen ist alles zusammengefügt (Theophrast). (4291) Von M. Wissing, M. Kirsch, 160 S., 230 Farbfotos, Leinen geprägt mit Schutzumschlag, im Schuber, **DM 98,–**, S 784.–

Was koche ich heute?
Neue Rezepte für Fix-Gerichte. (0608) Von A. Badelt-Vogt, 112 S., 16 Farbtafeln, kart. ●

Kochen für 1 Person
Rationell wirtschaften, abwechslungsreich und schmackhaft zubereiten. (0586) Von M. Nicolin, 136 S., 8 Farbtafeln, 23 Zeichnungen, kart. ●

Schnell und individuell
Die raffinierte Single-Küche
(4266) Von F. Faist, 160 S., 151 Farbfotos, Pappband. ●●●

Gesunde Kost aus dem Römertopf
(0442) Von J. Kramer, 128 S., 8 Farbtafeln, 13 Zeichnungen, kart. ●

FALKEN-FEINSCHMECKER
Pasta in Höchstform **Nudeln**
(0884) Von M. Kirsch, 64 S., 62 Farbfotos, Pappband. ●

Nudelgerichte
– lecker, locker, leicht zu kochen. (0466) Von C. Stephan, 80 S., 8 Farbtafeln, kart. ●

FALKEN-FEINSCHMECKER
In Hülle und Fülle
Pasteten und Terrinen
(0883) Von M. Kirsch, 48 S., 62 Farbfotos, Pappband. ●

FALKEN-FEINSCHMECKER
Spezialitäten unter knuspriger Decke
Aufläufe
(0882) Von C. Adam, 48 S., 33 Farbfotos, Pappband. ●

Eintöpfe und Aufläufe
Das Beste aus den Kochtöpfen der Welt (5079) Von A. und G. Eckert, 64 S., 50 Farbfotos, Pappband. ●●

FALKEN-FEINSCHMECKER
Herzhaftes für Leib und Seele
Eintöpfe
(0820) Von P. Klein, 48 S., 30 Farbfotos, Pappband. ●

Schnell und gut gekocht
Die tollsten Rezepte für den Schnellkochtopf. (0265) Von J. Ley, 96 S., 8 Farbtafeln, kart. ●

Kochen und backen im Heißluftherd
Vorteile, Gebrauchsanleitung, Rezepte. (0516) Von K. Kölner, 72 S., 8 Farbtafeln, kart. ●

Zaubern mit der schnellen Welle
Die neue Mikrowellenküche
(4289) Von F. Faist, 208 S., 188 Farbfotos, Pappband. ●●●

Das neue Mikrowellen-Kochbuch
(0434) Von H. Neu, 64 S., 4 Farbtafeln, 16 s/w Zeichnungen, kart. ●

Ganz und gar mit Mikrowellen
(4094) Von T. Peters, 208 S., 24 Farbfotos, 12 Zeichnungen, kart. ●●●

FALKEN-FEINSCHMECKER
Schnell auf den Tisch gezaubert
Kochen mit Mikrowellen
(0818) Von A. Danner, 64 S., 52 Farbfotos, Pappband. ●

Marmeladen, Gelees und Konfitüren
Köstlich wie zu Omas Zeiten – einfach selbstgemacht. (0720) Von M. Gutta, 32 S., 23 Farbfotos, 1 Zeichnung, Pappband. ●

Einkochen
nach allen Regeln der Kunst. (0405) Von B. Müller, 128 S., 8 Farbtafeln, kart. ●

Einkochen, Einlegen, Einfrieren
(4055) Von B. Müller, 152 S., 27 s/w.-Abb., kart. ●●

Haltbarmachen in der Öko-Küche
Gesunde Konservierungsmethoden für Obst, Gemüse, Kräuter und Pilze. (0932) Von M. Bustorf-Hirsch, 120 S., 56 Farbfotos, 36 Farbzeichnungen, kart. ●●

FALKEN-FEINSCHMECKER
Goldbraun und knusprig
Fritierte Leckerbissen
(0868) Von F. Faist, 64 S., 47 Farbfotos, Pappband. ●

Das neue Fritieren
geruchlos, schmackhaft und gesund. (0365) Von P. Kühne, 96 S., 8 Farbtafeln, kart. ●

FALKEN-FEINSCHMECKER
Die Krönung der feinen Küche
Saucen
(0817) Von G. Cavestri, 48 S., 40 Farbfotos, Pappband. ●

FALKEN-FEINSCHMECKER
Edler Kern in harter Schale
Meeresfrüchte
(0886) Von L. Grieser, 48 S., 52 Farbfotos, Pappband. ●

FALKEN-FEINSCHMECKER
Von Tatar und falschen Hasen
Hackfleisch
(0866) Von A. und G. Eckert, 64 S., 42 Farbfotos, Pappband. ●

Mehr Freude und Erfolg beim **Grillen**
(4141) Von A. Berliner, 160 S., 147 Farbfotos, 10 farbige Zeichnungen, Pappband. ●●●

Grillen für Geniesser
Fleisch · Fisch · Beilagen · Soßen. (5001) Von E. Fuhrmann, 64 S., 38 Farbfotos, Pappband. ●●

FALKEN-FEINSCHMECKER
Köstliches von Rost und Spieß
Grillen
(0931) Von A. Kalcher-Dähn, H. K. Kalcher, 64 S., 43 Farbfotos, Pappband. ●

Chinesisch kochen
mit dem Wok-Topf und dem Mongolen-Topf. (0557) Von C. Korn, 64 S., 8 Farbtafeln, kart. ●

FALKEN-FEINSCHMECKER
Verheißungsvoll fernöstlich
Spezialitäten aus dem Wok
(0933) Von H. K. Jen, 64 S., 56 Farbfotos, Pappband. ●

Schlemmerreise durch die
Chinesische Küche
(4184) Von K. H. Jen, 160 S., 117 Farbfotos, Pappband. ●●●

Nordische Küche
Speisen und Getränke von der Küste. (5082) Von J. Kürtz, 64 S., 44 Farbfotos, Pappband. ●●

Essen in Hessen
Spezialitäten zwischen Schwalm und Odenwald. (0837) Von R. Witt, 120 S., 10 s/w-Zeichnungen, Pappband. ●●

Schlemmerreise durch die
Französische Küche
(4296) Von H. Imhof, 160 S., 147 Farbfotos, 3 s/w-Fotos, Pappband. ●●●

Französisch kochen
Eine kulinarische Reise durch Frankreich. (5016) Von M. Gutta, 64 S., 35 Farbfotos, Pappband. ●●

Französische Küche
(0685) Von M. Gutta, 96 S., 16 Farbtafeln, kart. ●

Französische Spezialitäten aus dem Backofen
Herzhafte Tartes und Quiches mit Fleisch, Fisch, Gemüse und Käse
(5146) Von P. Klein, 64 S., 43 Farbfotos, Pappband. ●●

FALKEN-FEINSCHMECKER
Aus lauter Lust und Liebe
Knoblauch
(0867) Von L. Reinirkens, 64 S., 45 Farbfotos, Pappband. ●

Kochen und würzen mit **Knoblauch**
(0725) Von A. und G. Eckert, 96 S., 8 Farbtafeln, kart. ●

Schlemmerreise durch die
Italienische Küche
(4172) Von V. Pifferi, 160 S., 109 Farbfotos, Pappband. ●●●

Pizza, Pasta und die feine italienische Küche
(4270) Von R. Rudatis, 120 S., 255 Farbfotos, Pappband. ●●

Italienische Küche
Ein kulinarischer Streifzug mit regionalen Spezialitäten. (5026) Von M. Gutta, 64 S., 35 Farbfotos, Pappband. ●●

FALKEN-FEINSCHMECKER
Schlemmen wie bei Mamma Maria
Pizzas
(0815) Von F. Faist, 64 S., 62 Farbfotos, Pappband. ●

Köstliche Pilzgerichte
Tips und Rezepte für die häufigsten Pilzgattungen. (5133) Von V. Spicker-Noack, M. Knoop, 64 S., 52 Farbfotos, Pappband. ●●

Fondues
und fritierte Leckerbissen. (0471) Von S. Stein, 96 S., 8 Farbtafeln, kart. ●

Fondues · Raclettes · Flambiertes
(4081) Von R. Peiler und M.-L. Schult, 136 S., 15 Farbtafeln, 28 Zeichnungen, kart. ●●

Neue, raffinierte Rezepte mit dem Raclette-Grill
(0558) Von L. Helger, 56 S., 8 Farbtafeln, kart. ●

Rezepte rund um Raclette und Doppeldecker
(0420) Von J. W. Hochscheid, 72 S., 8 Farbtafeln, kart. ●

Die hier vorgestellten Bücher, Videokassetten und Software sind in folgende Preisgruppen unterteilt:

● Preisgruppe bis DM 10,–/S 79,–
●● Preisgruppe über DM 10,– bis DM 20,– S 80,– bis S 160,–
●●● Preisgruppe über DM 20,– bis DM 30,– S 161,– bis S 240,–
●●●● Preisgruppe über DM 30,– bis DM 50,– S 241,– bis S 400,–
●●●●● Preisgruppe über DM 50,–/S 401,–
*(unverbindliche Preisempfehlung)

Die Preise entsprechen dem Status beim Druck dieses Verzeichnisses (s. Seite 1) – Änderungen, im besonderen der Preise, vorbehalten –

FALKEN

Fondues und Raclettes
(4253) Von F. Faist, 160 S., 125 Farbfotos, Pappband. ●●●

FALKEN-FEINSCHMECKER
Schmelzendes Käsevergnügen
Raclette
(0881) Von F. Faist, 48 S., 33 Farbfotos, Pappband. ●

Kulinarischer Feuerzauber
Flambieren
(4294) Von R. Wesseler, 120 S., 100 Farbfotos, Pappband. ●●●

Kochen und würzen mit
Paprika
(0792) Von A. und G. Eckert, 88 S., 8 Farbtafeln, kart. ●

Köstlichkeiten für Gäste und Feste
Kalte Platten
(4200) Von I. Pfliegner. 160 S., 130 Farbfotos, Pappband. ●●●

Kalte Happen und Partysnacks
Canapés, Sandwiches, Pastetchen, Salate und Suppen. (5029) Von D. Peters, 64 S., 44 Farbfotos, Pappband. ●●

Garnieren und Verzieren
(4236) Von R. Biller, 160 S., 329 Farbfotos, 57 Zeichnungen, Pappband. ●●●

Desserts
Puddings, Joghurts, Fruchtsalate, Eis, Gebäck, Getränke. (5020) Von M. Gutta, 64 S., 41 Farbfotos, Pappband. ●●

FALKEN-FEINSCHMECKER
Süße Verführungen
Desserts
(0885) Von M. Bacher, 64 S., 75 Farbfotos, Pappband. ●

FALKEN-FEINSCHMECKER
Süße Geheimnisse eiskalt gelüftet
Eis und Sorbets
(0870) Von H. W. Liebheit, 48 S., 38 Farbfotos, Pappband. ●

Crêpes, Omeletts und Soufflés
Pikante und süße Spezialitäten. (5131) Von J. Rosenkranz, 64 S., 45 Farbfotos, Pappband. ●●

Kuchen und Torten
Die besten und beliebtesten Rezepte. (5067) Von M. Sauerborn, 64 S., 79 Farbfotos, Pappband. ●●

Tortenträume und Kuchenfantasien
Gebackene Köstlichkeiten originell dekoriert und verziert. (0823) Von F. Faist, 80 S., 150 Farbfotos, kart. ●●

Backen mit Lust und Liebe
(4284) Von M. Schumacher, R. Krake, 242 S., 348 Farbfotos, 18 farb. Vignetten, 3 vierseitige Ausklapptafeln, Pappband. ●●●●

Backen, was allen schmeckt
Kuchen, Torten, Gebäck und Brot. (4166) Von E. Blome, 556 S., 40 Farbtafeln, Pappband. ●●●

Meine Vollkornbackstube
Brot · Kuchen · Aufläufe. (0616) Von R. Raffelt, 96 S., 4 Farbtafeln, 12 Zeichnungen, kart. ●

FALKEN-FEINSCHMECKER
Knusprig, kernig, urgesund
Vollkornbrot
(0938) Von S. Reiter, 64 S., 56 Farbfotos, Pappband. ●

FALKEN-FEINSCHMECKER
Mit Körnern, Zimt und Mandelkern
Vollkorngebäck
(0816) Von M. Bustorf-Hirsch, 48 S., 39 Farbfotos, Pappband. ●

Biologisch Backen
Neue Rezeptideen für Kuchen, Brote, Kleingebäck aus vollem Korn. (4174) Von M. Bustorf-Hirsch, 136 S., 15 Farbtafeln, 47 Zeichnungen, kart. ●●

Selbst Brotbacken
Über 50 erprobte Rezepte. (0370) Von J. Schiermann, 80 S., 6 Zeichnungen, 4 Farbtafeln, kart. ●

Mehr Freude und Erfolg beim
Brotbacken
(4148) Von A. und G. Eckert, 160 S., 177 Farbfotos, Pappband. ●●●

Brotspezialitäten
knusprig backen – herzhaft kochen. (5088) Von J. W. Hochscheid, L. Helger, 64 S., 48 Farbfotos, Pappband. ●●

Weihnachtsbäckerei
Köstliche Plätzchen, Stollen, Honigkuchen und Festtagstorten. (0682) Von M. Sauerborn, 32 S., 34 Farbfotos, Pappband. ●

Waffeln
süß und pikant. (0522) Von C. Stephan, 64 S., 8 Farbtafeln, kart. ●

Alles mit Joghurt
tagfrisch selbstgemacht. Mit vielen Rezepten. (0382) Von G. Volz, 88 S., 8 Farbtafeln, kart. ●

Joghurt, Quark, Käse und Butter
Schmackhaftes aus Milch hausgemacht. (0739) Von M. Bustorf-Hirsch. 32 S., 59 Farbabb., Pappband. ●

FALKEN-FEINSCHMECKER
Raffiniert und gesund würzen
Kräuterküche
(0869) Von A. Görgens, 48 S.,43 Farbfotos, Pappband. ●

Miekes Kräuter- und Gewürzkochbuch
(0323) Von I. Persy, K. Mieke, 96 S., 8 Farbtafeln, kart. ●

Das köstliche knackige Schlemmervergnügen.
Salate
(4165) Von V. Müller. 160 S., 80 Farbfotos, Pappband. ●●●

FALKEN-FEINSCHMECKER
Frisch und leicht als Hauptgericht
Schlemmersalate
(0934) Von C. Adam, 64 S., 49 Farbfotos, Pappband. ●

111 köstliche Salate
Erprobte Rezepte mit Pfiff. (0222) Von C. Schönherr, 96 S., 8 Farbtafeln, 30 Zeichnungen, kart. ●

FALKEN-FEINSCHMECKER
Köstlich frisch auf den Tisch
Rohkostsalate
(0865) Von C. Adam, 48 S., 26 Farbfotos, Pappband. ●

Die abwechslungsreiche Vollwertküche
Vitaminreich und naturbelassen kochen und backen. (4229) Von M. Bustorf-Hirsch, K. Siegel, 280 S., 31 Farbtafeln, 78 Zeichnungen, Pappband. ●●●●

Die feine Vollwertküche
(4286) Von M. Bustorf-Hirsch, 160 S., 83 Farbfotos, Pappband. ●●●

Meine Vollkornküche
Herzhaftes von echtem Schrot und Korn (0858) Von S. Walz, 128 S., 8 Farbtafeln, kart. ●

FALKEN-FEINSCHMECKER
Dinkel, Hirse, Roggenkorn...
Kerniges aus der Getreideküche
(0932) Von S. Frank, 64 S., 49 Farbfotos, Pappband. ●

FALKEN-FEINSCHMECKER
Die verlockende Alternative
Süße Vollwertküche
(0936) Von A. Roßmeier, 64 S., 50 Farbfotos, Pappband. ●

FALKEN-FEINSCHMECKER
Die gesunde Art, sich zu verwöhnen
Vollwertküche für Singles
(0937) Von A. Görgens, 64 S., 43 Farbfotos, Pappband. ●

Alternativ essen
Die gesunde Sojaküche.
(0553) Von U. Kolster, 112 S., 8 Farbtafeln, kart. ●

Kochen mit Tofu
Die gesunde Alternative. (0894) Von U. Kolster, 80 S., 8 Farbtafeln, kart. ●

Das Reformhaus-Kochbuch
Gesunde Ernährung mit hochwertigen Naturprodukten. (4180) Von A. und G. Eckert, 160 S. 15 Farbtafeln, Pappband. ●●●

Gesund kochen mit Keimen und Sprossen
(0794) Von M. Bustorf-Hirsch, 104 S., 8 Farbtafeln, 13 s/w-Zeichnungen, kart. ●

Keime und Sprossen in der Naturküche
(4299) Von M. Bustorf-Hirsch, 96 S., 144 Farbfotos, Pappband. ●●

Die feine Vegetarische Küche
(4235) Von F. Faist, 160 S., 191 Farbfotos, Pappband. ●●●

Biologische Ernährung
für eine natürliche und gesunde Lebensweise. (4125) Von G. Leibold, 136 S., 15 Farbtafeln, 47 Zeichnungen, kart. ●●

Gesunde Ernährung für mein Kind
(0776) Von M. Bustorf-Hirsch, 96 S., 8 Farbtafeln, 5 s/w Zeichnungen, kart. ●

Vitaminreich und naturbelassen
Biologisch Kochen
(4162) Von M. Bustorf-Hirsch, K. Siegel, 144 S., 15 Farbtafeln, 31 Zeichnungen, kart. ●●

Gesund kochen
wasserarm · fettfrei · aromatisch. (4060) Von M. Gutta, 240 S., 16 Farbtafeln, Pappband. ●●●

Naturküche à la carte
(4406) Von M. Wissing, M. Kirsch, 160 S., 179 Farbfotos, Pappband. ●●●●

Würzig kochen ohne Salz
(0922) Von E. Roediger Streubel, 160 S., 16 Farbtafeln, kart. ●●

Natursammlers Kochbuch
Wildfrüchte und Gemüse, Pilze, Kräuter – finden und zubereiten. (4040) Von C. M. Kerler, 140 S., 12 Farbtafeln, kart. ●●

Kräuter- und Heilpflanzen-Kochbuch
für eine gesunde Lebensweise. (4066) Von P. Pervenche, 143 S., 15 Farbtafeln. kart. ●●

Pralinen und Konfekt
Kleine Köstlichkeiten selbstgemacht. (0731) Von H. Engelke, 32 S., 57 Farbfotos, Pappband. ●

FALKEN-FEINSCHMECKER
Zart schmelzende Versuchungen
Schokolade
(0819) Von J. Schroer, 48 S., 53 Farbfotos, Pappband. ●

Die hier vorgestellten Bücher, Videokassetten und Software sind in folgende Preisgruppen unterteilt:

● Preisgruppe bis DM 10,–/S 79,–
●● Preisgruppe über DM 10,– bis DM 20,– S 80,– bis S 160,–
●●● Preisgruppe über DM 20,– bis DM 30,– S 161,– bis S 240,–
●●●● Preisgruppe über DM 30,– bis DM 50,– S 241,– bis S 400,–
●●●●● Preisgruppe über DM 50,–/S 401,–
*(unverbindliche Preisempfehlung)

Die Preise entsprechen dem Status beim Druck dieses Verzeichnisses (s. Seite 1) – Änderungen, im besonderen der Preise, vorbehalten –

FALKEN

Falken-Verlag GmbH · Postfach 1120 D-6272 Niedernhausen/Ts. · Tel.: 06127/7020

Das richtige Frühstück
Gesunde Vollwertkost vitaminreich und naturbelassen. (0784) Von C. Kratzel, R. Böll, 32 S., 28 Farbfotos, Pappband. ●

Bocuse à la carte
Französisch kochen mit dem Meister. (4237) Von P. Bocuse, 88 S., 218 Farbfotos, Pappband. ●●

Kochschule mit Paul Bocuse
(6016) VHS, 60 Min. in Farbe. ●●●●●*

Der schön gedeckte Tisch
Vom einfachen Gedeck bis zur Festtafel stimmungsvoll und perfekt arrangiert. (4246) Von H. Tapper, 112 S., 206 Farbabbildungen, 21 s/w-Abbildungen, Pappband. ●●●

Servietten dekorativ falten
Geschmackvolle Anregungen aus Stoff und Papier. (0804) Von H. Tapper, 3T S., 134 Farbfotos, Pappband. ●

Cocktails
(4267) Von W. R. Hoffmann, W. Hubert, U. Lottring, 160 S., 164 Farbfotos, 1 s/w-Foto, Pappband. ●●●

Neue Cocktails und Drinks
mit und ohne Alkohol. (0517) Von S. Späth, 128 S., 4 Farbtafeln, kart., ●

Mixgetränke
mit und ohne Alkohol (5017) Von C. Arius, 64 S., 35 Farbfotos, Pappband. ●●

FALKEN-FEINSCHMECKER
Fruchtig, spritzig, eisgekühlt
Mixen ohne Alkohol
(0935) Von S. Späth, 64 S., 44 Farbfotos, Pappband. ●

Cocktails und Mixereien
für häusliche Feste und Feiern. (0075) Von J. Walker, 96 S., 4 Farbtafeln, kart. ●

Die besten Punsche, Grogs und Bowlen
(0575) Von F. Dingden, 64 S., 4 Farbtafeln, kart. ●

Weine und Säfte, Liköre und Sekt
selbstgemacht. (0702) Von P. Arauner, 232 S., 76 Abb., kart. ●●

Mitbringsel aus meiner Küche
selbst gemacht und liebevoll verpackt. (0668) Von C. Schönherr, 32 S., 30 Farbfotos, Pappband. ●

Weinlexikon
Wissenswertes über die Weine der Welt. (4149) Von U. Keller, 228 S., 6 Farbtafeln, 395 s/w-Fotos, Pappband. ●●●

Heißgeliebter Tee
Sorten, Rezepte und Geschichten. (4114) Von C. Maronde, 153 S., 16 Farbtafeln, 93 Zeichnungen, Pappband. ●●●

Tee für Genießer.
Sorten · Riten · Rezepte. (0356) Von M. Nicolin, 64 S., 4 Farbtafeln, kart. ●

Tee
Herkunft · Mischungen · Rezepte. (0515) Von S. Ruske, 96 S., 4 Farbtafeln, 16 s/w-Abbildungen, Pappband. ●

Kinder lernen spielend backen
(5110) Von M. Gutta, 64 S., 45 Farbfotos, Pappband. ●●

Kinder lernen spielend kochen
Lieblingsgerichte mit viel Spaß selbst zubereitet. (5096) Von M. Gutta, 64 S., 45 Farbfotos, Pappband, ●●

Komm, koch mit mir
Kunterbuntes Kochvergnügen für Kinder. (4285) Von S. und H. Theilig, Illustrationen von B. v. Hayek, 96 S., 48 Farbfotos, 350 Farb- und 1 s/w-Zeichnung, Pappband. ●●

Schlank werden nach Dr. Hay
Trennkost
Die bewährten Vollwert-Rezepte von Ursula Summ. (4298) Von U. Summ, 96 S., 54 Farbtafeln, 1 Zeichnung, kart. ●●

Gesund leben – schlank werden mit der
Bio-Kur
(0657) Von S. Winter. 144 S., 4 Farbtafeln, kart. ●

SLIM
Der neue, individuelle Schlankheitsplan (4277) Von Prof. Dr. E. Menden, W. Aign. 120 S., 440 Farbfotos, Pappband. ●●●

Kalorien – Joule
Eiweiß · Fett · Kohlenhydrate tabellarisch nach gebräuchlichen Mengen. (0374) Von M. Bormio, 88 S., kart. ●

Vitamine und Ballaststoffe
So ermittle ich meinen täglichen Bedarf (0746) Von Prof. Dr. M. Wagner, I. Bongartz. 96 S., 6 Farbabb., zahlreiche Tabellen, kart. ●

Hobby und Freizeit

Aquarellmalerei
als Kunst und Hobby. (4147) Von H. Haack, B. Wersche, 136 S., 62 Farbfotos, 119 Zeichnungen, Pappband. ●●●●

Aquarellmalerei
Materialien · Techniken · Motive. (5099) Von T. Hinz, 64 S., 79 Farbfotos, Pappband. ●●

Hobby Aquarellmalen
Landschaft und Stilleben. (0876) Von I. Schade, A. Brück, 80 S., 111 Farbabbildungen, kart. ●●

Videokassette
Hobby Aquarellmalen
Landschaft und Stilleben (6022) VHS, ca. 40 Min., in Farbe, ●●●●*

Aquarellmalerei leicht gelernt
Materialien · Techniken · Motive. (0787) Von T. Hinz, R. Braun, B. Zeidler, 32 S., 38 Farbfotos, 1 Zeichnung, Pappband. ●

Aquarellieren auf Seide
Materialien · Techniken · Motive. (0917) Von I. Demharter, 32 S., 41 Farbfotos, Pappband. ●

Hobby Ölmalerei
Landschaft und Stilleben. (0875) Von H. Kämper, I. Becker, 80 S., 93 Farbabb., kart. ●●

Videokassette
Hobby Ölmalerei
Landschaft und Stilleben (6025) VHS, ca. 40 Min., in Farbe, ●●●●*

Falken-Handbuch
Zeichnen und Malen
(4167) Von B. Bagnall, 336 S., 1154 Farbabb., Pappband. ●●●●●

Das große farbige PLAKA-Buch
Malen und Basteln
(4402) Von H.-J. Giesecke, 192 S., 225 Farbfotos, 20 Farb- und 4 s/w- Zeichnungen, Pappband. ●●

Das große farbige
Bastelbuch für Kinder
(4254) Von U. Barff, I. Burkhardt, J. Maier. 224 S., 157 Farbfotos, 430 Farb- und 69 s/w-Zeichnungen, Pappband. ●●●

Punkt, Punkt, Komma, Strich
Zeichenstunden für Kinder. (0564) Von H. Witzig, 144 S., über 250 Zeichnungen, kart. ●

Einmal grad und einmal krumm
Zeichenstunden für Kinder. (0599) Von H. Witzig, 144 S., 363 Abb. kart. ●

Naive Malerei
Materialien · Motive · Techniken. (5083) Von F. Krettek, 64 S., 76 Farbfotos, Pappband. ●●

Bauernmalerei
als Kunst und Hobby. (4057) Von A. Gast, H. Stegmüller, 128 S., 239 Farbfotos, 26 Riß-Zeichnungen, Pappband. ●●●●

Hobby Bauernmalerei
(0436) Von S. Ramos und J. Roszak, 80 S., 116 Farbfotos und 28 Motivvorlagen, kart. ●●

Bauernmalerei
Kreatives Hobby nach alter Volkskunst (5039) Von S. Ramos, 64 S., 85 Farbfotos, Pappband. ●●

Glasmalerei
als Kunst und Hobby. (4088) Von F. Krettek und S. Beeh-Lustenberger, 132 S., 182 Farbfotos, 38 Motivvorlagen, Pappband. ●●●●

Naive Hinterglasmalerei
Materialien · Techniken · Bildvorlagen (5145) Von F. Krettek, 64 S., 87 Farbfotos, 6 Zeichnungen, Pappband. ●●

Kalligraphie
Die Kunst des schönen Schreibens (4263) Von C. Hartmann, 120 S., 44 Farbvorlagen, 29 s/w-Vorlagen, 2 s/w-Zeichnungen, 38 Farbfotos, Pappband. ●●●●

Seidenmalerei als Kunst und Hobby
(4264) Von S. Hahn, 136 S., 256 Farbfotos, 1 s/w-Foto, 34 Farbzeichnungen, Pappband. ●●●●

Kunstvolle Seidenmalerei
Mit zauberhaften Ideen zum Nachgestalten. (0783) Von I. Demharter, 32 S., 56 Farbfotos, Pappband. ●

Zauberhafte Seidenmalerei
Materialien · Techniken · Gestaltungsvorschläge. (0664) Von E. Dorn, 32 S., 62 Farbfotos, Pappband. ●

Neue zauberhafte Seidenmalerei
Motive und Anregungen aus der Natur. (0924) Von R. Henge, 80 S., 148 Farbfotos, 27 s/w-Zeichnungen, kart. ●●

Hobby Seidenmalerei
(0611) Von R. Henge, 88 S., 106 Farbfotos, 20 Zeichnungen, kart. ●●

Hobby Stoffdruck und Stoffmalerei
(0555) Von A. Ursin, 80 S., 68 Farbfotos, 68 Zeichnungen, kart. ●●

Stoffmalerei und Stoffdruck
Materialien · Techniken · Ideen · Modelle (5074) Von H. Gehring, 64 S., 110 Farbfotos, Pappband. ●●

Batik
leicht gemacht. Materialien · Färbetechniken · Gestaltungsideen. (5112) Von A. Gast, 64 S., 105 Farbfotos, Pappband. ●●

Die hier vorgestellten Bücher, Videokassetten und Software sind in folgende Preisgruppen unterteilt:

● Preisgruppe bis DM 10,–/S 79,–
●● Preisgruppe über DM 10,– bis DM 20,– S 80,– bis S 160,–
●●● Preisgruppe über DM 20,– bis DM 30,– S 161,– bis S 240,–
●●●● Preisgruppe über DM 30,– bis DM 50,– S 241,– bis S 400,–
●●●●● Preisgruppe über DM 50,–/S 401,–
*(unverbindliche Preisempfehlung)

Die Preise entsprechen dem Status beim Druck dieses Verzeichnisses (s. Seite 1) – Änderungen, im besonderen der Preise, vorbehalten –

Kreatives Bilderweben
Materialien – Vorlagen – Motive
(0814) Von A. Schulte-Huxel, 32 S., 58 Farbfotos, 8 Zeichnungen, Pappband. ●

Hobby Applikationen
Materialien · Techniken · Modelle.
(0899) Von H. Probst-Reinhardt, 80 S., 92 Farbfotos, 31 Zeichnungen, kart. ●●

Flechten
mit Bast, Stroh und Peddigrohr. (5098) Von H. Hangleiter, 64 S., 47 Farbfotos, 76 Zeichnungen, Pappband. ●●

Falken-Handbuch
Nähen
Abc der Nähtechniken und kreative Modellschneiderei in ausführlichen Schritt-für-Schritt-Bildfolgen. (4272) Von A. Bree, 320 S., 1142 Abbildungen, Schnittmusterbogen für alle Modelle, Pappband. ●●●●

Falken-Handbuch
Häkeln
ABC der Häkeltechniken und Häkelmuster in ausführlichen Schritt-für-Schritt-Bildfolgen. (4194) Von H. Fuchs, M. Natter, 288 S., 597 Farbfotos, 476 farbige Zeichnungen. Pappband. ●●●●

Häkeln
Schritt für Schritt für Rechts- und Linkshänder. (5134) Von H. Klaus, 64 S., 120 Farbfotos, 144 Zeichnungen, Pappband. ●●

Monogrammstickerei
Mit Vorlagen für Initialen, Vignetten und Ornamente. (5148) Von H. Fuchs, 64 S., 50 Farbfotos, 50 Zeichnungen, Pappband. ●●

Falken-Handbuch
Stricken
ABC der Stricktechniken und Strickmuster in ausführlichen Schritt-für-Schritt-Bildfolgen. (4137) Von M. Natter, 312 S., 106 Farb- und 922 s/w-Fotos, 318 Zeichnungen, Pappband. ●●●●

Das moderne Standardwerk von der Expertin
Perfekt Stricken
Mit Sonderteil Häkeln. (4250) Von H. Jaacks, 256 S., 703 Farbfotos, 169 Farb- und 121 s/w-Zeichnungen, Pappband. ●●●

Videokassette Stricken
(6007) VHS. Von P. Krolikowski-Habicht, H. Jaacks, 51 Min., in Farbe. ●●●●*

Stricken
Schritt für Schritt für Rechts- und Linkshänder. (5142) Von S. Oelwein-Schefczik, 64 S., 148 Farbfotos, 173 Zeichnungen, Pappband. ●●

Die schönsten Handarbeiten zum Verschenken
(4225) Von B. Wenzelburger, 128 S., 156 Farbfotos, 70 zweifarbige Zeichnungen, Pappband. ●●●●

Kuscheltiere stricken und häkeln
Arbeitsanleitungen und Modelle. (0734) Von B. Wehrle, 32 S., 60 Farbfotos, 28 Zeichnungen, Spiralbindung. ●

Hobby Patchwork und Quilten
(0768) Von B. Staub-Wachsmuth, 80 S., 108 Farbabb., 43 Zeichnungen, kart. ●●

Hobby Spitzencollagen
Bezaubernde Motive aus edlem Material. (0847) Von H. Westphal, 80 S., 186 Farbfotos, kart. ●●

Textiles Gestalten
Weben, Knüpfen, Batiken, Sticken, Objekte und Strukturen. (5123) Von J. Fricke, 136 S., 67 Farb- und 189 s/w-Fotos, 15 Zeichnungen, kart. ●●

Gestalten mit Glasperlen
fädeln · sticken · weben (0640) Von A. Köhler, 32 S., 55 Farbfotos, Spiralbindung. ●

Schmuck, Accessoires und Dekoratives
aus Fimo modelliert. (0873) Von A. Aurich, 32 S., 54 Farbfotos, Pappband. ●

Exklusiver Modeschmuck
aus dem eigenen Atelier
(0925) Von J. Niemeier, J. Klein, 80 S., 141 Farbfotos, 25 Zeichnungen, kart. ●●

Neue zauberhafte Salzteig-Ideen
(0719) Von I. Kiskalt, 80 S., 324 Farbfotos, 12 Zeichnungen, kart. ●●

Hobby Salzteig
(0662) Von I. Kiskalt, 80 S., 150 Farbfotos, 5 Zeichnungen, Schablonen, kart. ●●

Gestalten mit Salzteig
formen · bemalen · lackieren. (0613) Von W.-U. Cropp, 32 S., 56 Farbfotos, 17 Zeichnungen, Pappband. ●

Originell und dekorativ
Salzteig mit Naturmaterialien
(0833) Von A. und H. Wegener, 80 S., 166 Farbfotos, kart. ●●

Buntbemalte Kunstwerke aus Salzteig
Figuren, Landschaften und Wandbilder. (5141) Von G. Belli, 64 S., 165 Farbfotos, 1 Zeichnung, Pappband. ●●

Kreatives Gestalten mit Salzteig
Originelle Motive für Fortgeschrittene. (0769) Hrsg. I. Kiskalt, 80 S., 168 Farbfotos, kart. ●●

Videokassette Salzteig
(6010) VHS. Von I. Kiskalt, Dr. A. Teuchert, in Farbe, ca. 35 Min. ●●●●●*

Tiffany-Spiegel selbermachen
Materialien · Arbeitsanleitung · Vorlagen. (0761) Von R. Thomas, 32 S., 53 Farbfotos, Pappband. ●

Tiffany-Schmuck selbermachen
Materialien · Arbeitsanleitungen · Modelle. (0871) Von B. Poludniak, H. W. Scheib, 32 S., 54 Farbfotos, 3 Zeichnungen, Pappband. ●

Tiffany-Lampen selbermachen
Arbeitsanleitung · Materialien · Modelle. (0684) Von I. Spliethoff, 32 S., 60 Farbfotos, Pappband. ●

Hobby Glaskunst in Tiffany-Technik
(0781) Von N. Köppel, 80 S., 194 Farbfotos, 6 s/w-Abb., kart., ●●

Altes Brauchtum neu endeckt
Schmuck-Eier
Kunstvoll gestalten und verzieren. (0010) Von I. Kiskalt, 32 S., 45 Farbfotos, 3 s/w-Zeichnungen, Pappband. ●

Origami –
Die Kunst des Papierfaltens. (0280) Von R. Harbin, 160 S., 633 Zeichnungen, kart. ●

Hobby Origami
Papierfalten für groß und klein. (0756) Von Z. Aytüre-Scheele, 88 S., über 800 Farbfotos, kart. ●●

Neue zauberhafte Origami-Ideen
Papierfalten für groß und klein. (0805) Von Z. Aytüre-Scheele, 80 S., 720 Farbfotos, kart. ●●

Weihnachtsbasteleien
(0667) Von M. Kühnle und S. Beck, 32 S., 56 Farbfotos, 6 Zeichnungen, Pappband. ●

Alle Jahre wieder…
Avent und Weihnachten
Basteln – Backen – Schmücken – Singen – Vorlesen – Feiern.
(4260) Von H. und Y. Nadolny, 256 S., 105 Farbfotos, 130 Zeichnungen, Pappband. ●●●

Bastelspaß mit der Laubsäge
Mit Schnittmusterbogen für viele Modelle in Originalgröße. (0741) Von L. Giesche, M. Bausch, 32 S., 61 Farbfotos, 7 Zeichnungen, Schnittmusterbogen, Pappband. ●

Strohschmuck selbstgebastelt
Sterne, Figuren und andere Dekorationen (0740) Von E. Rombach, 32 S., 60 Farbfotos, 17 Zeichnungen, Pappband. ●

Das Herbarium
Pflanzen sammeln, bestimmen und pressen. (5113) Von I. Gabriel, 96 S., 140 Farbfotos, Pappband. ●●

Gestalten mit Naturmaterialien
Zweige, Kerne, Federn, Muscheln und anderes. (5128) Von I. Krohn, 64 S., 101 Farbfotos, 11 farbige Zeichnungen, Pappband. ●●

Blütenbilder aus Blumen und Blättern
Phantasievolle Naturcollagen.
(0872) Von G. Schamp, 32 S., 57 Farbfotos, 1 Zeichnung, Pappband. ●

Dauergestecke
mit Zweigen, Trocken- und Schnittblumen. (5121) Von G. Vocke, 64 S., 57 Farbfotos, Pappband. ●●

Ikebana
Einführung in die japanische Kunst des Blumensteckens. (0548) Von G. Vocke, 152 S., 47 Farbfotos, kart. ●●

Hobby Trockenblumen
Gewürzsträuße, Gestecke, Kränze, Buketts. (0643) Von R. Strobel-Schulze, 88 S., 170 Farbfotos, kart. ●●

Hobby Gewürzsträuße
und zauberhafte Gebinde nach Salzburger Art. (0726) Von A. Ott, 80 S., 101 Farbfotos, 51 farbige Zeichnungen, kart. ●●

Trockenblumen und Gewürzsträuße
(5084) Von G. Vocke, 64 S., 63 Farbfotos, Pappband. ●●

Töpfern
als Kunst und Hobby. (4073) Von J. Fricke, 132 S., 37 Farbfotos, 222 s/w-Fotos, Pappband. ●●●●

Kreatives Gestalten mit Ton
Töpfern ohne Scheibe – Aufbaukeramik
(0896) Von A. Riedinger, 80 S., 207 Farbfotos, 16 Zeichnungen, 7 Vignetten, kart. ●●

Schöne Sachen modellieren
Originelles aus Cernit – ideenreich gestaltet. (0762) Von G. Thelen, 32 S., 105 Farbfotos, Pappband. ●

Porzellanpuppen
Zauberhafte alte Puppen selbst nachbilden. (5138) Von C. A. und D. Stanton, 64 S., 58 Farbfotos, 22 Zeichnungen, Pappband. ●●

Zauberhafte alte Puppen
Sammeln · Restaurieren · Nachbilden
(4255) Von C. A. Stanton, J. Jacobs, 120 S., 157 Farbfotos, 24 Zeichnungen, Pappband. ●●●●

Die hier vorgestellten Bücher, Videokassetten und Software sind in folgende Preisgruppen unterteilt:

● Preisgruppe bis DM 10,–/S 79,–
●● Preisgruppe über DM 10,– bis DM 20,– S 80,– bis S 160,–
●●● Preisgruppe über DM 20,– bis DM 30,– S 161,– bis S 240,–
●●●● Preisgruppe über DM 30,– bis DM 50,– S 241,– bis S 400,–
●●●●● Preisgruppe über DM 50,–/S 401,–
*(unverbindliche Preisempfehlung)

Die Preise entsprechen dem Status beim Druck dieses Verzeichnisses (s. Seite 1) – Änderungen, im besonderen der Preise, vorbehalten –

FALKEN

Falken-Verlag GmbH · Postfach 1120 D-6272 Niedernhausen/Ts. · Tel.: 06127/7020

Stoffpuppen
Liebenswerte Modelle selbermachen. (5150) Von I. Wolff, 56 S., 115 Farbfotos, 15 Zeichnungen, mit Schnittmusterbogen, Pappband. ●●

Hobby Puppen
Bezaubernde Modelle selbst gestalten. (0742) Von B. Wenzelburger, 88 S., 163 Farbfotos, 41 Zeichnungen, 11 Schnittmuster, kart. ●●

Selbstgestrickte Puppen
Materialien und Arbeitsanleitungen. (0638) Von B. Wehrle, 32 S., 21 Farbfotos, 24 Zeichnungen, Pappband. ●

Dekorative Rupfenpuppen
Arbeitsanleitungen und Gestaltungsvorschläge. (0733) Von B. Wenzelburger, 32 S., 57 Farbfotos, 14 Zeichnungen, Spiralbindung. ●

Phantasiepuppen stricken und häkeln
Märchenhafte Modelle mit Arbeitsanleitungen. (0813) Von B. Wehrle, 32 S., 26 Farbfotos, 30 einfarbige und 16 dreifarbige Zeichnungen, Pappband. ●

Heißgeliebte Teddybären
Selbermachen · Sammeln · Restaurieren. (0900) Von H. Nadolny, Y. Thalheim, 80 S., 119 Farbfotos, 23 s/w-Zeichnungen, 14 S. Schnittmusterbogen, kart. ●●

Schritt für Schritt zum Scherenschnitt
Materialien · Techniken · Gestaltungsvorschläge. (0732) Von H. Klingmüller, 32 S., 38 Farbfotos, 34 Vorlagen, Pappband. ●

Hobby Drachen
bauen und steigen lassen. (0767) Von W. Schimmelpfennig, 80 S., 1 dreiseitige Ausklapptafel, 55 Farbfotos, 139 Zeichnungen, kart. ●●

Ferngelenkte Motorflugmodelle
bauen und fliegen. (0400) Von W. Thies, 184 S., mit Zeichnungen und Detailplänen, kart. ●●

Flugmodelle
bauen und einfliegen. (0361) Von W. Thies und W. Rolf, 160 S., 63 Abb., 7 Faltpläne, kart. ●●

Kleine Welt auf Rädern
Das faszinierende Spiel mit **Modelleisenbahnen** (4175) Von F. Eisen, 256 S., 72 Farb- und 180 s/w-Fotos, 25 Zeichnungen, Pappband. ●●●

Anlagenbau in Modultechnik
für Modelleisenbahnen und Dioramen. (0845) Von J. Thal, 104 S., 68 Farbfotos, 28 Zeichnungen, kart. ●●●

Videokassette
Die Modelleisenbahn
Anlagenbau in Modultechnik. Neue kreative Gestaltung. Neue raffinierte Techniken. (6030) VHS, von J. Grahn, 30 Min., in Farbe. ●●●●*

Schiffsmodelle
selber bauen. (0500) Von D. und R. Lochner, 200 S., 93 Zeichnungen, 2 Faltpläne, kart. ●●

Ferngelenkte Segelflugmodelle
bauen und fliegen. (0446) Von W. Thies, 176 S., 22 s/w-Fotos, 115 Zeichnungen, kart. ●●

Garagentore selbst bemalt
Techniken und Motive. (0786) Von H. und Y. Nadolny, 32 S., 24 Farbfotos, 12 s/w-Zeichnungen, Pappband. ●

Falken Handbuch
Heimwerken
Reparieren und Selbermachen im Haus und Wohnung - über 1100 Farbfotos. Praktische Tips vom Profi: Selbermachen, Reparieren, Renovieren, Kostensparen. (4117) Von Th. Pochert, 440 S., 1103 Farbfotos, 100 ein- und zweifarbige Abb., Pappband. ●●●●

Falken-Heimwerker-Praxis
Tapezieren
(0743) Von W. Nitschke, 112 S., 186 Farbfotos, 9 Zeichnungen, kart. ●●

Falken-Heimwerker-Praxis
Anstreichen und Lackieren
(0771) Von P. Müller, 120 S., 186 Farbfotos, 2 s/w Fotos, 3 Zeichnungen, kart. ●●

Falken-Heimwerker-Praxis
Fahrrad-Reparaturen
(0796) Von R. van der Plas, 112 S., 140 Farbfotos, 113 farbige Zeichnungen, kart. ●●

Falken-Heimwerker-Praxis
Kleinmöbel aus Holz
(0905) Von O. Maier, 128 S., 210 Farbfotos, 80 Zeichnungen, kart. ●●

Restaurieren von Möbeln
Stilkunde, Materialien, Techniken, Arbeitsanleitungen in Bildfolgen. (4120) Von E. Schnaus-Lorey, 152 S., 37 Farbfotos, 75 s/w Fotos, 352 Zeichnungen, Pappband. ●●●●

Möbel aufarbeiten, reparieren und pflegen
(0386) Von E. Schnaus-Lorey, 96 S., 28 Fotos, 101 Zeichnungen, kart. ●

Feuerzeichen behaglicher Wohnkultur
Kachelöfen, Kamine und Kaminöfen
(4288) Hrsg. von C. Berninghaus. Von R. Heinen, G. Kosicek, H. P. Sabborrosch, 168 S., 291 Farbfotos, 2 s/w-Fotos, 8 Zeichnungen, Pappband. ●●●●●

Moderne Fotopraxis
(4401) Von G. Koshofer, Prof. H. Wedewardt, 224 S., 363 Farbfotos, 106 s/w-Fotos, 5 Farb- und 24 s/w-Zeichnungen, Pappband. ●●●

Aktfotografie
Interpretationen zu einem unerschöpflichen Thema. Gestaltung · Technik · Spezialeffekte. (0737) Von H. Wedewardt, 88 S., 144 Farb- und 6 s/w-Fotos, 6 Zeichnungen, kart. ●●

Videokassette
Aktfotografie
(6001) VHS, Laufzeit ca. 60 Min. in Farbe. ●●●●●*

So macht man bessere Fotos
Das meistverkaufte Fotobuch der Welt. (0614) Von M. L. Taylor, 192 S., 457 Farbfotos, 15 Abb., kart. ●●

Schmalfilmen
Ausrüstung · Aufnahmepraxis · Schnitt · Ton. (0342) Von U. Ney, 100 S., 4 Farbtafeln, 25 s/w-Fotos, kart. ●

Schmalfilme selbst vertonen
(0593) Von U. Ney, 96 S., 57 s/w-Fotos, 14 Zeichnungen, kart. ●

Videografieren
Filmen mit Video 8. Technik – Bildgestaltung – Schnitt – Vertonung. (0843) Von M. Wild, K. Möller, 120 S., 101 Farbfotos, 22 s/w-Fotos, 52 Zeichnungen, kart. ●●

Videokassette
Videografieren
Filmen mit Video 8. Technik – Bildgestaltung – Schnitt – Vertonung. (6031) VHS, (6033) Beta, (6034) Sony 8 mm, von M. Wild, 60 Min., in Farbe. ●●●●●*

Mit vollem Genuß
Pfeife rauchen
Alles über Tabaksorten, Pfeifen und Zubehör. (4227) Von H. Behrens, H. Frickert, 168 S., 127 Farbfotos, 18 Zeichnungen, Pappband. ●●●●

Die Fazination der Philatelie
Briefmarken sammeln
(4273) Von D. Stein, 212 S., 124 s/w-Fotos, 24 Farbtafeln, Pappband. ●●●

Briefmarken
sammeln für Anfänger. (0481) Von D. Stein. 120 S., 4 Farbtafeln, 98 s/w-Abb., kart. ●

Münzen
Ein Brevier für Sammler. (0353) Von E. Dehnke, 128 S., 4 Farbtafeln, 17 s/w-Abb., kart. ●●

Astronomie als Hobby
Sternbilder und Planeten erkennen und benennen. (0572) Von D. Block, 176 S., 16 Farbtafeln, 49 s/w-Fotos, 93 Zeichnungen, kart. ●●

Astronomie im Bild
Unser Sternenhimmel rund ums Jahr
(0849) Von Dr. E. Übelacker, 88 S., 48 Farbfotos, 1 s/w-Foto, 68 Farbzeichnungen, kart. ●●

Freizeit mit dem Mikroskop
(0291) Von M. Deckart, 132 S., 8 Farbtafeln, 64 s/w-Abb., 2 Zeichnungen, kart. ●

Gitarre spielen
Ein Grundkurs für den Selbstunterricht. (0534) Von A. Roßmann, 96 S., 1 Schallfolie, 150 Zeichnungen, kart. ●●●

Komm mit ins Land der Lieder
Das große Buch der Kinder-, Volks- und Chorlieder. (4261) Hrsg. von H. Rauhe, 176 S., 146 Farbzeichnungen, Pappband. ●●●

Die schönsten Wander- und Fahrtenlieder
(0462) Hrsg. von F. R. Miller, empfohlen vom Deutschen Sängerbund, 80 S., mit Noten und Zeichnungen, kart. ●

Die schönsten Volkslieder
(0432) Hrsg. von D. Walther, 128 S., mit Noten und Zeichnungen, kart. ●

Technik

Dampflokomotiven
(4204) Von W. Jopp, 96 S., 134 Farbfotos, Pappband. ●●●

Die Super-Eisenbahnen der Welt
(4287) Von W. Kosak, H. G. Isenberg, 224 S., 269 Farbfotos, 79 s/w-Fotos, 8 Vignetten, 5 farb. Ausklapptafeln, Pappband. ●●●●

Zivilflugzeuge
Vom Kleinflugzeug zum Überschall-Jet (4218) Von R. J. Höhn, H. G. Isenberg, 96 S., 115 Farbfotos, Pappband. ●●●

Trucks
Giganten der Landstraßen in aller Welt. (4222) Von H. G. Isenberg, 96 S., 131 Farbfotos, Pappband. ●●●

Die Super-Trucks der Welt
(4257) Von H. G. Isenberg, 194 S., 205 Farbfotos, 87 s/w-Fotos, 7 Farbzeichnungen, 4 Ausklapptafeln, Pappband. ●●●●

Die hier vorgestellten Bücher, Videokassetten und Software sind in folgende Preisgruppen unterteilt:

● Preisgruppe bis DM 10,–/S 79,–
●● Preisgruppe über DM 10,– bis DM 20,– S 80,– bis S 160,–
●●● Preisgruppe über DM 20,– bis DM 30,– S 161,– bis S 240,–
●●●● Preisgruppe über DM 30,– bis DM 50,– S 241,– bis S 400,–
●●●●● Preisgruppe über DM 50,–/S 401,–
*(unverbindliche Preisempfehlung)

Die Preise entsprechen dem Status beim Druck dieses Verzeichnisses (s. Seite 1) – Änderungen, im besonderen der Preise, vorbehalten –

Die Super-Motorräder der Welt
(4193) Von H. G. Isenberg, 192 S., 170 Farb- und 100 s/w-Fotos, 8 Zeichnungen, Pappband. ●●●●

Motorrad-Hits
Chopper, Tribikes, Heiße Öfen. (4221) Von H. G. Isenberg, 96 S., 119 Farbfotos, Pappband. ●●●

Motorrad-Faszination
Heiße Öfen, von denen jeder träumt. (4223) Von H. G. Isenberg, 96 S., 103 Farb- und 20 s/w-Fotos, Pappband. ●●●

Sport und Fitneß

ZDF Sportjahr '87
Rekorde, Siege, Schicksale, Ergebnisse, Termine '88
(4290) Hrsg. von B. Heller, 192 S., 275 Farb- und 4 s/w-Fotos, kart. ●●

Neue Lehrmethoden der Judo-Praxis
(0424) Von P. Herrmann, 223 S., 475 Abb., kart. ●●

Judo
Grundlagen – Methodik. (0305) Von M. Ohgo, 208 S., 1025 Fotos, kart. ●●

Fußwürfe
für Judo, Karate und Selbstverteidigung. (0439) Von H. Nishioka, 96 S., 260 Abb., kart. ●

Modernes Karate
Das große Standardwerk mit 2229 Abbildungen. (4280) Von T. Okazaki, Dr. med. M. V. Stricevic, übers. von M. Pabst, 376 S., 2279 Abbildungen, Pappband. ●●●●●

Karate für alle
Karate-Selbstverteidigung in Bildern. (0314) Von A. Pflüger, 112 S., 356 s/w-Fotos, kart. ●

Nakayamas Karate perfekt 1
Einführung. (0487) Von M. Nakayama, 136 S., 605 s/w-Fotos, kart. ●●

Nakayamas Karate perfekt 2
Grundtechniken. (0512) Von M. Nakayama, 136 S., 354 s/w-Fotos, 53 Zeichnungen, kart. ●●

Nakayamas Karate perfekt 3
Kumite 1: Kampfübungen. (0538) Von M. Nakayama, 128 S., 424 s/w-Fotos, kart. ●●

Nakayamas Karate perfekt 4
Kumite 2: Kampfübungen. (0547) Von M. Nakayama, 128 S., 394 s/w-Fotos, kart. ●●

Nakayamas Karate perfekt 5
Kata 1: Heian, Tekki. (0571) Von M. Nakayama, 144 S., 1229 s/w-Fotos, kart. ●●

Nakayamas Karate perfekt 6
Kata 2: Bassai-Dai, Kanku-Dai, (0600) Von M. Nakayama, 144 S., 1300 s/w-Fotos, 107 Zeichnungen, kart. ●●

Nakayamas Karate perfekt 7
Kata 3: Jitte, Hangetsu, Empi. (0618) Von M. Nakayama, 144 S., 1988 s/w-Fotos, 105 Zeichnungen, kart. ●●

Nakayamas Karate perfekt 8
Gankaku, Jion. (0650) Von M. Nakayama, 144 S., 1174 s/w-Fotos, 99 Zeichungen, kart. ●●

Kontakt-Karate
Ausrüstung · Technik · Training. (0396) Von A. Pflüger, 112 S., 238 s/w-Fotos, kart. ●●

Karate-Do
Das Handbuch des modernen Karate. (4028) Von A. Pflüger, 360 S., 1159 Abb., Pappband. ●●●●

Bo-Karate
Kukishin-Ryu – die Techniken des Stockkampfes. (0447) Von G. Stiebler, 176 S., 424 s/w-Fotos, 38 Zeichnungen, kart. ●●

Karate 1
Einführung · Grundtechniken. (0227) Von A. Pflüger, 148 S., 195 s/w-Fotos, 120 Zeichnungen, kart. ●

Karate 2
Kombinationstechniken · Katas. (0239) Von A. Pflüger, 176 S., 452 s/w-Fotos und Zeichnungen, kart. ●

Karate Kata 1
Heian 1-5, Tekki 1, Bassai Dai. (0683) Von W.-D. Wichmann, 164 S., 703 s/w-Fotos, kart. ●●

Karate Kata 2
Jion, Empi, Kanku-Dai, Hangetsu. (0723) Von W.-D. Wichmann, 140 S., 661 s/ w-Fotos, 4 Zeichnungen, kart. ●●

25 Shotokan-Katas
Auf einen Blick: Karate-Katas für Prüfungen und Wettkämpfe. (0859) Von A. Pflüger, 88 S., 185 s/w-Abbildungen, 26 ganzseitige Tafeln mit über 1.600 Einzelschritten, kart. ●●

Videokassette
Karate
Einführung und Grundtechniken. (6037) VHS, Von A. Pflüger, ca. 45 Min., in Farbe, ●●●●●*

Ninja 1
Die Lehre der Schattenkämpfer. (0758) Von S. K. Hayes, 144 S., 137 s/w-Fotos, kart. ●●

Ninja 2
Die Wege zum Shoshin (0763) Von S. K. Hayes, 160 S., 309 s/w-Fotos, kart. ●●

Ninja 3
Der Pfad des Togakure-Kämpfers. (0764) Von S. K. Hayes, 144 S., 197 s/w-Fotos, 2 Zeichnungen, kart. ●●

Ninja 4
Das Vermächtnis der Schattenkämpfer. (0807) Von S. K. Hayes, 196 S., 466 s/w-Fotos, kart. ●●

Der König des Kung-Fu
Bruce Lee
Sein Leben und Kampf. (0392) Von L. Lee, 136 S., 104 s/w-Fotos, kart. ●●

Bruce Lees Kampfstil 1
Grundtechniken. (0473) Von B. Lee, M. Uyehara, 109 S., 220 Abb., kart. ●

Bruce Lees Kampfstil 2
Selbstverteidigungs-Techniken. (0486) Von B. Lee, M. Uyehara, 128 S., 310 Abb., kart. ●

Bruce Lees Kampfstil 3
Trainingslehre. (0503) Von B. Lee, M. Uyehara, 112 S., 246 Abb., kart. ●

Bruce Lees Kampfstil 4
Kampftechniken. (0523) Von B. Lee, M. Uyehara, 104 S., 211 Abb., kart. ●

Bruce Lees Jeet Kune Do
(0440) Von B. Lee, 192 S., mit 105 eigenhändigen Zeichnungen von B. Lee, kart. ●●

Ju-Jutsu 1
Grundtechniken – Moderne Selbstverteidigung. (0276) Von W. Heim, F. J. Gresch, 164 S., 450 s/w-Fotos, 8 Zeichnungen, kart. ●

Ju-Jutsu 2
für Fortgeschrittene und Meister. (0378) Von W. Heim, F. J. Gresch, 160 S., 798 s/w- Fotos, kart. ●●

Ju-Jutsu 3
Spezial-, Gegen- und Weiterführungs-Techniken. (0485) Von W. Heim, F. J. Gresch, 200 S., über 600 s/w-Fotos, kart. ●●

Ju-Jutsu als Wettkampf
(0826) Von G. Kulot, 168 S., 418 s/w-Fotos, 2 Zeichnungen, kart. ●●

Nunchaku
Waffe · Sport · Selbstverteidigung. (0373) Von A. Pflüger, 144 S., 247 Abb., kart. ●●

Shuriken · Tonfa · Sai
Stockfechten und andere bewaffnete Kampfsportarten aus Fernost. (0397) Von A. Schulz, 96 S., 253 s/w-Fotos, kart. ●●

Illustriertes Handbuch des Taekwondo
Koreanische Kampfkunst und Selbstverteidigung. (4053) Von K. Gil, 248 S., 1026 Abb., Pappband. ●●●

Taekwon-Do
Koreanischer Kampfsport. (0347) Von K. Gil, 152 S., 408 Abb., kart. ●●

Taekwondo perfekt 1
Die Formenschule bis zum Blaugurt. (0890) Von K. Gil, Kim Chul-Hwan, 176 S., 439 s/w-Fotos, 107 Zeichnungen, kart. ●●

Aikido
Lehren und Techniken des harmonischen Weges. (0537) Von R. Brand, 280 S., 697 Abb., kart. ●●

Kung-Fu und Tai-Chi
Grundlagen und Bewegungsabläufe. (0367) Von B. Tegner, 182 S., 370 s/w-Fotos, kart. ●●

Kung-Fu
Theorie und Praxis klassischer und moderner Stile. (0376) Von M. Pabst, 160 S., 330 Abb., kart. ●●

Shaolin-Kempo – Kung-Fu
Chinesisches Karate im Drachenstil. (0395) Von R. Czerni, K. Konrad. 246 S., 723 Abb., kart. ●●

Hap Ki Do
Grundlagen und Techniken koreanischer Selbstverteidigung. (0379) Von Kim Sou Bong, 112 S., 153 Abb., kart. ●●

Dynamische Tritte
Grundlagen für den Zweikampf. (0438) Von C. Lee, 96 S., 398 s/w-Fotos, 10 Zeichnungen, kart. ●

Kickboxen
Fitneßtraining und Wettkampfsport. (0795) Von G. Lemmens, 96 S., 208 s/w-Fotos, 23 Zeichnungen, kart. ●●

Selbstverteidigung
Abwehrtechniken für Sie und Ihn (0853) Von E. Deser, 96 S., 259 s/w-Fotos, kart. ●

Muskeltraining mit Hanteln
Leistungssteigerung für Sport und Fitness. (0676) Von H. Schulz, 108 S., 92 s/w-Fotos, 2 Zeichnungen, kart. ●

Leistungsfähiger durch Krafttraining
Eine Anleitung für Fitness-Sportler, Trainer und Athleten (0617) Von W. Kieser, 100 S., 20 s/w-Fotos, 62 Zeichnungen, kart. ●

Die Faszination athletischer Körper
Bodybuilding
mit Weltmeister Ralf Möller. (4281) Von R. Möller, 128 S., 169 Farbfotos, 14 s/w-Fotos, 1 Farbzeichnung, Pappband. ●●●●

Die hier vorgestellten Bücher, Videokassetten und Software sind in folgende Preisgruppen unterteilt:

● Preisgruppe bis DM 10,–/S 79,–
●● Preisgruppe über DM 10,– bis DM 20,– S 80,– bis S 160,–
●●● Preisgruppe über DM 20,– bis DM 30,– S 161,– bis S 240,–
●●●● Preisgruppe über DM 30,– bis DM 50,– S 241,– bis S 400,–
●●●●● Preisgruppe über DM 50,–/S 401,–
*(unverbindliche Preisempfehlung)

Die Preise entsprechen dem Status beim Druck dieses Verzeichnisses (s. Seite 1) – Änderungen, im besonderen der Preise, vorbehalten –

FALKEN

Falken-Verlag GmbH · Postfach 1120 D-6272 Niedernhausen/Ts. · Tel.: 06127/7020

Bodybuilding
Anleitung zum Muskel- und Konditionstraining für sie und ihn. (0604) Von R. Smolana. 160 S., 171 s/w-Fotos, kart. ●

Hanteltraining zu Hause
(0800) Von W. Kieser, 80 S., 71 s/w-Fotos, 4 Zeichnungen, kart. ●

Fit und gesund
Körpertraining und Bodybuilding zu Hause. (0782) Von H. Schulz, 80 S., 100 Farbfotos, 3 Zeichnungen, kart. ●●

Videokassette
Fit und gesund
(6013) VHS, Laufzeit 30 Minuten, in Farbe. ●●●●*

Bodybuilding für Frauen
Wege zu Ihrer Idealfigur (0661) Von H. Schulz, 108 S., 84 s/w-Fotos, 4 Zeichnungen, kart. ●●

Bodyshaping · Bodybuilding
Mit Anja Albrecht zur Idealfigur. (4405) Von A. Albrecht, 128 S., 164 Farbfotos, 4 s/w-Fotos, 1 Farb- und 1 s/w-Zeichnung, Pappband. ●●●●

Optimale Ernährung
für Krafttraining und Budybuilding. (0912) Von B. Dahmen, 88 S., 8 Farbtafeln, 8 Zeichnungen, kart. ●

Top-Form im Sport
Ernährungs-Training
Das Erfolgsprogramm für den Ausdauersportler. (0945) Von M. Inzinger, Dipl.-Oec. troph. G. Wagner, 160 S., 31 Farbzeichnungen, 16 Grafiken, kart. ●●

Gesund und leistungsfähig durch
Konditionsübungen, Fitneßtraining, Wirbelsäulengymnastik
(0844) Von R. Milser, K. Grafe, 104 S., 99 Farbfotos, 12 Farbzeichnungen, 5 s/w-Zeichnungen, kart. ●●

Stretching
Mit Dehnungsgymnastik zu Entspannung. Geschmeidigkeit und Wohlbefinden. (0717) Von H. Schulz, 80 S. 90 s/w-Fotos, kart. ●

Isometrisches Training
Übungen für Muskelkraft und Entspannung. (0529) Von L. M. Kirsch, 140 S., 162 s/w-Fotos, kart. ●

Gesund und fit durch Gymnastik
(0366) Von H. Pilss-Samek, 132 S., 150 Abb., kart. ●

Spaß am Laufen
Jogging für die Gesundheit. (0470) Von W. Sonntag, 140 S., 41 s/w-Fotos, 1 Zeichnung, kart. ●

Mein bester Freund, der Fußball
(5107) Von D. Brüggemann, D. Albrecht, 144 S., 171 Abb., kart. ●●

Fußball
Training und Wettkampf. (0448) Von H. Obermann, P. Walz, 166 S., 92 s/w-Fotos, 15 Zeichnungen, 29 Diagramme, kart. ●●

Handball
Technik · Taktik · Regeln. (0426) Von F. und P. Hattig, 128 S., 91 s/w-Fotos, 121 Zeichnungen, kart. ●●

Volleyball
Technik · Taktik · Regeln. (0351) Von H. Huhle, 104 S., 330 Abb., kart. ●

Badminton
Technik · Taktik · Training. (0699) Von K. Fuchs, L. Sologub, 168 S., 51 Abb., kart., ●●

Die neue Tennis-Praxis
Der individuelle Weg zu erfolgreichem Spiel. (4097) Von R. Schönborn, 240 S., 202 Farbzeichnungen, 31 s/w-Abb., Pappband. ●●●●

Erfolgreiche Tennis-Taktik
(4086) Von R. Ford Greene, übersetzt von M. R. Fischer, 182 S., 87 Abb., kart. ●●

Moderne Tennistechnik
(4187) Von G. Lam, 192 S., 339 s/w-Fotos, 91 Zeichnungen, kart. ●●●

Tennis
Technik · Taktik · Regeln. (0375) Von H. Elschenbroich, 112 S., 81 Abb., kart. ●

Tischtennis-Technik
Der individuelle Weg zu erfolgreichem Spiel. (0775) Von M. Perger, 144 S., 296 Abb. kart. ●●

Squash
Ausrüstung · Technik · Regeln. (0539) Von D. von Horn, H.-D. Stünitz, 96 S., 55 s/w-Fotos, 25 Zeichnungen, kart. ●

Golf
Ausrüstung · Technik · Regeln. (0343) Von J. C. Jessop, übersetzt von H. Biemer, mit einem Vorwort von H. Krings, Präsident des Deutschen Golf-Verbandes, 160 S., 65 Abb., Anhang Golfregeln des DGV, kart. ●●

Pool-Billard
(0484) Herausgegeben vom Deutschen Pool- Billard-Bund, von M. Bach, K.-W. Kühn, 104 S., mit über 64 Abb., kart. ●

Sportschießen
für jedermann. (0502) Von A. Kovacic, 124 S., 116 s/w-Fotos, kart. ●●

Fechten
Florett · Degen · Säbel. (0449) Von E. Beck, 88 S., 185 Fotos, 10 Zeichnungen, kart. ●●

Wir lernen tanzen
Standard- und lateinamerikanische Tänze. (0200) Von E. Fern, 168 S., 118 s/w-Fotos, 47 Zeichnungen, kart. ●

So tanzt man Rock'n'Roll
Grundschritte · Figuren · Akrobatik. (0573) Von W. Steuer und G. Marz, 224 S., 303 Abb., kart. ●●

Tanzen überall
Discofox, Rock'n'Roll, Blues, Langsamer Walzer, Cha-Cha-Cha zum Selberlernen. (0760) Von H. M. Pritzer, 112 S., 128 Farbfotos, kart. ●●

Anmutig und fit durch
Bauchtanz
(0911) Von Marta, 120 S., 229 Farbfotos, 6 s/w-Zeichnungen, kart. ●●

Fit mit **Stretching**
(2304) Von B. Kurz, 96 S., 255 Farbfotos, kart. ●●

Fit mit **Tai Chi**
als sanfte Körpererfahrung
(2305) Von B. u. K. Moegling, 112 S., 121 Farbfotos, 6 Farb- u. 4 s/w-Zeichnungen, kart. ●●

Fit mit **Volleyball**
(2302) Von Dr. A. Scherer, 104 S., 27 Farb- und 1 s/w-Foto, 12 Farb- und 29 s/w-Zeichnungen, kart. ●●

Fit mit **Tanzen**
(2303) Von K. Richter, H. Kleinow, 88 S., 94 Farbfotos, kart. ●●

Fit mit **Karate**
(2308) Von A. Pflüger, 96 S., 134 Farbfotos, 4 s/w-Zeichnungen, kart. ●●

Funboard-Surfen
Material · Technik · Regatten · Internationale Reviere. (4297) Von J. Evans, 144 S., 106 Farbfotos, 9 Farbzeichnungen, 68 zweifarbige und 5 s/w-Zeichnungen, kart. ●●●

Segeln
Der neue Grundschein – Vorstufe zum A-Schein – Mit Prüfungsfragen. (5147) Von C. Schmidt, 80 S., 8 Farbtafeln, 18 Farbfotos, 82 Zeichnungen, kart., ●●

Falken-Handbuch
Angeln
in Binnengewässern und im Meer. (4090) Von H. Oppel, 344 S., 24 Farbtafeln, 66 s/w-Fotos, 151 Zeichnungen, gebunden. ●●●●

Angeln
Kleine Fibel für den Sportfischer. (0198) Von E. Bondick, 96 S., 116 Abb., kart. ●

Sportfischen
Fische – Geräte – Techniken. (0324) Von H. Oppel, 144 S., 49 s/w-Fotos, 8 Farbtafeln, kart. ●

Sporttauchen
Theorie und Praxis des Gerätetauchens. (0647) Von S. Müßig, 144 S., 8 Farbtafeln, 35 s/w-Fotos, 89 Zeichnungen, kart. ●●

Ski-Gymnastik
Fit für Piste und Loipe. (0450) Von H. Pilss-Samek, 104 S., 67 s/w-Fotos, 20 Zeichnungen, kart. ●

Alpiner Skisport
Ausrüstung · Techniken · Skigymnastik. (5130) Von K. Meßmann, 128 S., 8 Farbtafeln, 93 s/ w-Fotos, 45 Zeichnungen, kart. ●●

Skilanglauf, Skiwandern
Ausrüstung · Techniken · Skigymnastik. (5129) Von T. Reiter und R. Kerler, 80 S., 8 Farbtafeln, 85 Zeichnungen und s/w-Fotos, kart. ●●

Eishockey
Lauf- und Stocktechnik, Körperspiel, Taktik, Ausrüstung und Regeln. (0414) Von J. Čapla, 264 S., 548 s/w-Fotos, 163 Zeichnungen, kart. ●●

Fibel für Kegelfreunde
Sport- und Freizeitkegeln · Bowling. (0191) Von G. Bocsai, 72 S., 62 Abb., kart. ●

Beliebte und neue Kegelspiele
(0271) Von G. Bocsai, 92 S., 62 Abb., kart. ●

111 spannende Kegelspiele
(2031) Von H. Regulski, 88 S., 53 Zeichnungen, kart., ●

Schach

Einführung in das Schachspiel
(0104) Von W. Wollenschläger und K. Colditz, 92 S., 110 Diagramme, kart. ●

Falken-Handbuch **Schach**
(4051) Von T. Schuster, 360 S., über 340 Diagramme, gebunden. ●●●●

Spielend Schach lernen
(2002) Von T. Schuster, 128 S., kart. ●

Kinder- und Jugendschach
Offizielles Lehrbuch des Deutschen Schachbundes zur Erringung der Bauern-, Turm- und Königsdiplome. (0561) Von B. J. Withuis, H. Pfleger, 144 S., 220 Zeichnungen und Diagramme, kart. ●●

Neue Schacheröffnungen
(0478) Von T. Schuster, 108 S., 100 Diagramme, kart. ●

Die hier vorgestellten Bücher, Videokassetten und Software sind in folgende Preisgruppen unterteilt:

● Preisgruppe bis DM 10,–/S 79,–
●● Preisgruppe über DM 10,– bis DM 20,– S 80,– bis S 160,–
●●● Preisgruppe über DM 20,– bis DM 30,– S 161,– bis S 240,–
●●●● Preisgruppe über DM 30,– bis DM 50,– S 241,– bis S 400,–
●●●●● Preisgruppe über DM 50,–/S 401,–
*(unverbindliche Preisempfehlung)

Die Preise entsprechen dem Status beim Druck dieses Verzeichnisses (s. Seite 1) – Änderungen, im besonderen der Preise, vorbehalten –

FALKEN

Schach für Fortgeschrittene
Taktik und Probleme des Schachspiels. (0219) Von R. Teschner, 96 S., 85 Diagramme, kart. ●

Taktische Schachendspiele
(0752) Von J. Nunn, 200 S., 151 Diagramme, kart. ●●

Die Schach-Revanche
Kasparow/Karpow 1986. (0831) Von O. Borik, H. Pfleger, M. Kipp-Thomas, 144 S., 19 s/w-Fotos, 72 Diagramme, kart. ●●

Schachstrategie
Ein Intensivkurs mit Übungen und ausführlichen Lösungen. (0584) Von A. Koblenz, dt. Bearb. von K. Colditz, 212 S., 240 Diagramme, kart. ●●

Schachtraining mit den Großmeistern
(0670) Von H. Bouwmeester, 128 S., 90 Diagramme, kart. ●●

Schach als Kampf
Meine Spiele und mein Weg. (0729) Von G. Kasparow, 144 S., 95 Diagramme, 9 s/w-Fotos, kart. ●●

Helmut Pflegers
Schachkabinett
Amüsante Aufgaben – überraschende Lösungen. (0877) Von H. Pfleger, 160 S., 118 Diagramme, kart. ●●

Die besten Partien deutscher Schachgroßmeister
(4121) Von H. Pfleger, 192 S., 29 s/w-Fotos, 89 Diagramme, Pappband. ●●●

Lehr-, Übungs- und Testbuch der Schachkombinationen
(0649) Von K. Colditz, 184 S., 227 Diagramme, kart. ●●

Die hohe Schule der
Schachkombination
(0920) Von W. Golz, P. Keres, 272 S., 322 Diagramme, Pappband. ●●

Offizielles Lehrbuch des Deutschen Schachbundes
Das systematische Schachtraining
Trainingsmethoden, Strategien und Kombinationen. (0857) Von Sergiu Samarian, 152 S., 159 Diagramme, 1 Zeichnung, kart. ●●

So denkt ein Schachmeister
Strategische und taktische Analysen. (0915) Von H. Pfleger, G. Treppner, 120 S., 75 Diagramme, kart. ●●

FALKEN-SOFTWARE
Das komplette Schachprogramm
Spielen, Trainieren, Problemlösen mit dem Computer. (7006) Von J. Egger, Diskette für C 64, C 128 PC, mit Begleitheft. ●●●●●*

Zug um Zug
Schach für jedermann 1
Offizielles Lehrbuch des Deutschen Schachbundes zur Erringung des Bauerndiploms. (0648) Von H. Pfleger, E. Kurz, 80 S., 24 s/w-Fotos, 8 Zeichnungen, 60 Diagramme, kart. ●

Zug um Zug
Schach für jedermann 2
Offizielles Lehrbuch des Deutschen Schachbundes zur Erringung des Turmdiploms. (0659) Von H. Pfleger, E. Kurz, 132 S., 8 s/w-Fotos, 14 Zeichnungen, 78 Diagramme, kart. ●

Zug um Zug
Schach für jedermann 3
Offizielles Lehrbuch des Deutschen Schachbundes zur Erringung des Königdiploms. (0728) Von H. Pfleger, G. Treppner, 128 S., 4 s/w-Fotos, 84 Diagramme, 10 Zeichnungen, kart. ●

Zug um Zug
Schach für jedermann 1
(7015) Wendediskette für C 64/C 128 PC, mit Begleitheft. ●●●●*
(7005) Wendediskette für Atari ST 520/1040, mit Begleitheft. ●●●●●*

Schach mit dem Computer
(0747) Von D. Frickenschmidt, 140 S., 112 Diagramme, 29 s/w-Fotos, 5 Zeichnungen, kart. ●●

Spiele und Denksport

Kartenspiele
(2001) Von C. D. Grupp, 144 S., kart. ●

Neues Buch der siebzehn und vier Kartenspiele
(0095) Von K. Lichtwitz, 96 S., kart. ●

Alles über Pokern
Regeln und Tricks. (2024) Von C. D. Grupp, 112 S., 29 Kartenbilder, kart. ●

Rommé und Canasta
in allen Variationen. (2025) Von C. D. Grupp, 124 S., 24 Zeichnungen, kart., ●

Schafkopf, Doppelkopf, Binokel, Cego, Gaigel, Jaß, Tarock und andere „Lokalspiele".
(2015) Von C. D. Grupp, 152 S., kart. ●●

Spielend Skat lernen
unter freundlicher Mitarbeit des Deutschen Skatverbandes. (2005) Von Th. Krüger, 156 S., 181 s/w-Fotos, 22 Zeichnungen, kart. ●

Das Skatspiel
Eine Fibel für Anfänger. (0206) Von K. Lehnhoff, überarb. von P. A. Höfges, 96 S., kart. ●

Black Jack
Regeln und Strategien des Kasinospiels. (2032) Von K. Kelbratowski, 88 S., kart. ●

Falken-Handbuch **Patiencen**
Die 111 interessantesten Auslagen. (4151) Von U. v. Lyncker, 216 S., 108 Abbildungen, Pappband. ●●●

Patiencen
in Wort und Bild. (2003) Von I. Wolter, 136 S., kart. ●

Neue Patienten
(2036) Von H. Sosna, 160 S., 43 Farbtafeln, kart. ●●

Falken-Handbuch **Bridge**
Von den Grundregeln zum Turnierspiel. (4092) Von W. Voigt und K. Ritz, 280 S., 792 Zeichnungen, gebunden. ●●●●

Spielend Bridge lernen
(2012) Von J. Weiss, 108 S., 58 Zeichnungen, kart. ●

Spieltechnik im Bridge
(2004) Von V. Mollo und N. Gardener, deutsche Adaption von D. Schröder, 216 S., kart. ●●

Besser Bridge spielen
Reiztechnik, Spielverlauf und Gegenspiel. (2026) Von J. Weiss, 144 S., 60 Diagramme, kart. ●●

Herausforderung im Bridge
200 Aufgaben mit Lösungen. (2033) Von V. Mollo, 152 S., kart. ●●

Präzisions-Treff im Bridge
(2037) Von E. Jannersten, 152 S., kart. ●●

Kartentricks
(2010) Von T. A. Rosee, 80 S., 13 Zeichnungen, kart. ●

Mah-Jongg
Das chinesische Glücks-, Kombinations- und Gesellschaftsspiel. (2030) Von U. Eschenbach, 80 S., 30 s/w-Fotos, 5 Zeichnungen, kart. ●

Neue Kartentricks
(2027) Von K. Pankow, 104 S., 20 Abb., kart. ●

Backgammon
für Anfänger und Könner. (2008) Von G. W. Fink und G. Fuchs, 116 S., 41 Abb., kart. ●

Würfelspiele
für jung und alt. (2007) Von F. Pruss, 112 S., 21 s/w-Zeichnungen, kart. ●

Gesellschaftsspiele
für drinnen und draußen. (2006) Von H. Görz, 128 S., kart. ●

Spiele für Party und Familie
(2014) Von Rudi Carrell, 160 S., 50 Abb., kart. ●

Das japanische Brettspiel Go
(2020) Von W. Dörholt, 104 S., 182 Diagramme, kart. ●

Roulette richtig gespielt
Systemspiele, die Vermögen brachten. (0121) Von M. Jung, 96 S., zahlreiche Tabellen, kart. ●

Spielend Roulette lernen
(2034) Von E. P. Caspar, 152 S., 1 s/w-Foto, 45 Zeichnungen, kart. ●●

Gesellschaftsspiele
für drinnen und draußen. (2006) Von H. Görz, 128 S., kart. ●

Spiele für Party und Familie
(2014) Von Rudi Carrel, 160 S., 50 Abb. kart. ●

Neue Spiele für Ihre Party
(2022) Von G. Blechner, 120 S., 54 Zeichnungen, kart. ●

Lustige Tanzspiele und Scherztänze
für Partys und Feste. (0165) Von E. Bäulke, 80 S., 53 Abb., kart. ●

Straßenfeste, Flohmärkte und Basare
Praktische Tips für Organisation und Durchführung. (0592) Von H. Schuster, 96 S., 52 Fotos, 17 Zeichnungen, kart. ●●

Zaubertricks für jedermann
(0202) Von J. Merlin, 176 S., 113 Abb., kart. ●●

Zaubern
einfach - aber verblüffend. (2018) Von D. Bouch, 84 S., 41 Zeichnungen, kart. ●

Magische Zaubereien
(0672) Von Widenmann, 64 S., 31 Zeichnungen, kart. ●

Kinderspiele
die Spaß machen. (2009) Von H. Müller-Stein, 112 S., 28 Abb., kart. ●

Spiele für Kleinkinder
(2011) Von D. Kellermann, 80 S., 23 Abb., kart. ●

Spiel und Spaß am Krankenbett
für Kinder und die ganze Familie. (2035) Von H. Bücken, 104 S., 97 Zeichnungen, kart. ●

Die hier vorgestellten Bücher, Videokassetten und Software sind in folgende Preisgruppen unterteilt:

● Preisgruppe bis DM 10,–/S 79,–
●● Preisgruppe über DM 10,– bis DM 20,– S 80,– bis S 160,–
●●● Preisgruppe über DM 20,– bis DM 30,– S 161,– bis S 240,–
●●●● Preisgruppe über DM 30,– bis DM 50,– S 241,– bis S 400,–
●●●●● Preisgruppe über DM 50,–/S 401,–
*(unverbindliche Preisempfehlung)

Die Preise entsprechen dem Status beim Druck dieses Verzeichnisses (s. Seite 1) – Änderungen, im besonderen der Preise, vorbehalten –

FALKEN
Falken-Verlag GmbH · Postfach 1120 D-6272 Niedernhausen/Ts. · Tel.: 06127/7020

Kasperletheater
Spieltexte und Spielanleitungen · Basteltips für Theater und Puppen. (0641) Von U. Lietz, 136 S., 4 Farbtafeln, 12 s/w-Fotos, 39 Zeichnungen, kart. ●

Knobeleien und Denksport
(2019) Von K. Rechberger, 142 S., 105 Zeichnungen, kart. ●

Das Geheimnis der magischen Ringe
Alles über das Puzzle vom Würfel-Erfinder. Die schönsten Figuren.
(0878) Von Dr. Ch. Bandelow, 96 S., 198 Zeichnungen, 8 Cartoons, kart. ●

Quiz
Mehr als 1500 ernste und heitere Fragen aus allen Gebieten. (0129) Von R. Sautter und W. Pröve, 92 S., 9 Zeichnungen, kart. ●

500 Rätsel selberraten
(0681) Von E. Krüger, 272 S., kart. ●

501 Rätsel selberraten
(0711) Von E. Krüger, 272 S., kart. ●

Riesen-Kreuzwort-Rätsel-Lexikon
über 250.000 Begriffe. (4197) Von H. Schiefelbein, 1024 S., Pappband. ●●●

Das Super-Kreuzwort-Rätsel-Lexikon
Über 150.000 Begriffe. (4279) Von H. Schiefelbein, 688 S., Pappband. ●●

Guten Tag, Kinder!
Neue Texte mit Spielanleitungen fürs Kasperletheater. (0861) Von U. Lietz, 96 S., 18 s/w-Zeichnungen, kart. ●

Kindergeburtstag
Vorbereitung, Spiel und Spaß. (0287) Von Dr. I. Obrig, 136 S., 40 Abb., 11 Zeichnungen, 9 Lieder mit Noten, kart. ●

Kindergeburtstage die keiner vergißt
Planung, Gestaltung, Spielvorschläge. (0698) Von G. und G. Zimmermann, 102 S., 80 Vignetten, kart. ●

Kinderfeste
daheim und in Gruppen. (4033) Von G. Blechner, 240 S., 320 Abb., kart. ●●

Scherzfragen, Drudel und Blödeleien
gesammelt von Kindern. (0506) Hrsg. von W. Pröve, 112 S., 57 Zeichnungen, kart. ●

Humor und Unterhaltung

Heitere Vorträge und witzige Reden
Lachen, Witz und gute Laune. (0149) Von E. Müller, 104 S., 44 Abb., kart. ●

Heitere Vorträge
(0528) Von E. Müller, 128 S., 14 Zeichnungen, kart. ●

Die große Lachparade
Neue Texte für heitere Vorträge und Ansagen. (0188) Von E. Müller, 80 S., kart. ●

So feiert man Feste fröhlicher
Heitere Vorträge und Gedichte. (0098) Von Dr. Allos, 96 S., 15 Abb., kart. ●

Lustige Vorträge für fröhliche Feiern
(0284) Von K. Lehnhoff, 96 S., kart. ●

Vergnügliches Vortragsbuch
(0091) Von J. Plaut, 192 S., kart. ●

Humor und Stimmung
Ein heiteres Vortragsbuch. (0460) Von G. Wagner, 112 S., kart. ●

Humor und gute Laune
Ein heiteres Vortragsbuch. (0635) Von G. Wagner, 112 S., 5 Zeichnungen, kart. ●

Gereimte Vorträge
für Bühne und Bütt. (0567) Von G. Wagner, 96 S., kart. ●

Damen in der Bütt
Scherze, Büttenreden, Sketsche. (0354) Von T. Müller, 136 S., kart. ●

Narren in der Bütt
Leckerbissen aus dem rheinischen Karneval. (0216) Zusammengestellt von T. Lücker, 112 S., kart. ●

Rings um den Karneval
Karnevalsscherze und Büttenreden. (0130) Von Dr. Allos, 144 S., 2 Zeichnungen, kart. ●●

Helau und Alaaf 1
Närrisches aus der Bütt. (0304) Von E. Müller, 112 S., 4 Zeichnungen, kart. ●

Helau und Alaaf 2
Neue Büttenreden. (0477) Von E. Luft, 104 S., kart. ●

Helau und Alaaf 3
Neue Reden für die Bütt. (0832) Von H. Fauser, 144 S., 13 Zeichnungen, kart. ●

Wir feiern Karneval
Festgestaltung und Reden für die närrische Zeit. (0904) Von M. Zweigler, 120 S., 4 Zeichnungen, kart. ●

Tolle Sketche
mit zündenden Pointen – zum Nachspielen. (0656) Von E. Cohrs, 112 S., kart. ●

Vergnügliche Sketche
(0476) Von H. Pillau, 96 S., 7 Zeichnungen, kart. ●

Fidele Sketche und heitere Vorträge
Humor zum Nachspielen. (0157) Von H. Ehnle. 96 S., kart. ●

Vorhang auf!
Neue Sketche für jung und alt. (0898) Von H. Pillau, 96 S., 22 Zeichnungen, kart. ●

Sketche und spielbare Witze
für bunte Abende und andere Feste. (0445) Von H. Friedrich, 120 S., 7 Zeichnungen, kart. ●

Sketche
Kurzspiele zu amüsanter Unterhaltung. (0247) Von M. Gering, 132 S., 16 Abb., kart., ●

Witzige Sketche zum Nachspielen
(0511) Von D. Hallervorden, 160 S., kart. ●●

Sketche und Blackouts zum Nachspielen
(0941) Von E. Cohrs, 112 S., 12 Zeichnungen, kart. ●

Locker vom Hocker
Witzige Sketche zum Nachspielen. (4262) Von W. Giller, 144 S., 41 Zeichnungen, Pappband. ●●

Phantasievolles Schminken
Verzauberte Gesichter für Maskeraden, Laienspiel und Kinderfeste. (0907) Hrsg. von Y. u. H. Nadolny, 64 S., 227 Farbfotos, kart. ●●

Die Kleidermotte ernährt sich von nichts, sie frißt nur Löcher
Stilblüten, Sprüche und Widersprüche aus Schule, Zeitung, Rundfunk und Fernsehen. (0738) Von P. Haas, D. Kroppach, 112 S., zahlreiche Abb. kart. ●

Da lacht das Publikum
Neue lustige Vorträge für viele Gelegenheiten. (0716) Von H. Schmalenbach, 104 S., kart. ●

Witzig, witzig
(0507) Von E. Müller, 128 S., 16 Zeichnungen, kart. ●

Die besten Witze und Cartoons des Jahres 1
(0454) Hrsg. von K. Hartmann, 288 S., 125 Zeichnungen, geb. ●●

Die besten Witze und Cartoons des Jahres 4
(0579) Hrsg. von K. Hartmann, 288 S., 140 Zeichnungen, Pappband. ●●

Die besten Witze und Cartoons des Jahres 5
(0642) Hrsg. von K. Hartmann, 288 S., 88 Zeichnungen, Pappband. ●●

Die besten Witze und Cartoons des Jahres 6
(0916) Hrsg. von D. Kroppach, 288 S., 84 Zeichnungen, Pappband. ●●

Das Superbuch der Witze
(4146) Von B. Bornheim, 504 S., 54 Cartoons, Pappband. ●●

Witze
Lachen am laufenden Band (4241) Von J. Burkert, D. Kroppach, 400 S., 41 Zeichnungen, Pappband. ●●

Heller Wahnwitz
(0887) Von D. Kroppach, 220 S., 200 Vignetten, kart. ●

Spaßvögel
Über sexhundert komische Nummern. (0888) Von E. Zeller, mit Limericks von W. Müller, 220 S., 200 Vignetten, kart. ●

Total bescheuert
Kinder- und Schülerwitze. (0889) Von G. Geßner und E. Zeller, 220 S., 200 Vignetten, kart. ●

Die besten Beamtenwitze
(0574) Hrsg. von W. Pröve, 112 S., 59 Cartoons, kart. ●

Die besten Kalauer
(0705) Von K. Frank, 112 S., 12 Zeichnungen, kart., ●

Robert Lembkes Witzauslese
(0325) Von Robert Lembke, 160 S., 10 Zeichnungen von E. Köhler, Pappband. ●●

Fred Metzlers Witze mit Pfiff
(0368) Von F. Metzler, 112 S., kart. ●

O frivol ist mir am Abend
Pikante Witze von Fred Metzler. (0388) Von F. Metzler, 128 S., mit Karikaturen, kart. ●

Herrenwitze
(0589) Von G. Wilhelm, 112 S., 31 Zeichnungen, kart. ●

Witze am laufenden Band
(0461) Von F. Asmussen, 118 S., kart. ●

Horror zum Totlachen
Gruselwitze
(0536) Von F. Lautenschläger, 96 S., 44 Zeichnungen, kart. ●

Die besten Ostfriesenwitze
(0495) Hrsg. von O. Freese, 80 S., 15 Zeichnungen, kart. ●

Olympische Witze
Sportlerwitze in Wort und Bild. (0505) Von W. Willnat, 112 S., 126 Zeichnungen, kart. ●

Ich lach mich kaputt! Die besten Kinderwitze
(0545) Von E. Hannemann, 128 S., 15 Zeichnungen, kart. ●

Die hier vorgestellten Bücher, Videokassetten und Software sind in folgende Preisgruppen unterteilt:

● Preisgruppe bis DM 10,–/S 79,–
●● Preisgruppe über DM 10,– bis DM 20,– S 80,– bis S 160,–
●●● Preisgruppe über DM 20,– bis DM 30,– S 161,– bis S 240,–
●●●● Preisgruppe über DM 30,– bis DM 50,– S 241,– bis S 400,–
●●●●● Preisgruppe über DM 50,–/S 401,–
*(unverbindliche Preisempfehlung)

Die Preise entsprechen dem Status beim Druck dieses Verzeichnisses (s. Seite 1) – Änderungen, im besonderen der Preise, vorbehalten –

FALKEN

Lach mit!
Witze für Kinder, gesammelt von Kindern. (0468) Hrsg. von W. Pröve, 96 S., 17 Zeichnungen, kart. ●

Die besten Kinderwitze
(0757) Von K. Rank, 112 S., 28 Zeichnungen, kart. ●

Lustige Sketche für Jungen und Mädchen
Kurze Theaterstücke für Jungen und Mädchen. (0669) Von U. Lietz und U. Lange, 104 S., kart. ●

Spielbare Witze für Kinder
(0824) Von H. Schmalenbach, 128 S., 30 Zeichnungen, kart. ●

Garten, Tiere, Umwelt

Garten heute
Der moderne Ratgeber · Über 1000 Farbbilder. (4283) Von H. Jantra, 384 S., über 1000 Farbabbildungen, Pappband. ●●●●

Das Gartenjahr
Arbeitsplan für den Hobbygärtner. (4075) Von G. Bambach, 152 S., 16 Farbtafeln, 141 Abb., kart. ●●

Gärtner Gustavs Gartenkalender
Arbeitspläne · Pflanzenporträts · Gartenlexikon. (4155) Von G. Schoser, 120 S., 146 Farbfotos, 13 Tabellen, 203 farbige Zeichnungen, Pappband. ●●●

Der richtige Schnitt von Obst- und Ziergehölzen, Rosen und Hecken
(0619) Von E. Zettl, 88 S., 8 Farbtafeln, 39 Zeichnungen, 21 s/w-Fotos, kart. ●

Blumenpracht im Garten
(5014) Von I. Manz, 64 S., 93 Farbfotos, Pappband. ●●

Blütenpracht in Haus und Garten
(4145) Von M. Haberer, u. a., 352 S., 1012 Farbfotos, Pappband. ●●●●

Sag's mit Blumen
Pflege und Arrangieren von Schnittblumen. (5103) Von P. Möhring, 64 S., 68 Farbfotos, 2 s/w-Abb., Pappband. ●●

Grabgestaltung
Bepflanzung und Pflege zu jeder Jahreszeit. (5120) Von N. Uhl, 64 S., 77 Farbfotos, 2 Zeichnungen, Pappband. ●●

Wintergärten
Das Erlebnis, mit der Natur zu wohnen. Planen, Bauen und Gestalten. (4256) Von LOG, ID, 136 S., 130 Farbfotos, 107 Zeichnungen, Pappband. ●●●

Häuser in lebendigem Grün
Fassaden und Dächer mit Pflanzen gestalten. (0846) Von U. Mehl, K. Werk, 88 S., 116 Farbfotos, 4 Farb- und 17 s/w-Zeichnungen, kart. ●●

Rund ums Jahr erfolgreich gärtnern
Gewächshäuser
planen · bauen · einrichten · nutzen. (4408) Von Dr. G. Schoser, J. Wolff, 232 S., 315 Farbfotos, 5 s/w-Fotos, 53 Farbzeichnungen, Pappband. ●●●●●

Gartenteiche und Wasserspiele
planen, anlegen und pflegen. (4083) Von H. R. Sikora, 160 S., 31 Farb- und 31 s/w-Fotos, 73 Zeichnungen, Pappband. ●●●

Wasser im Garten
Von der Vogeltränke zum Naturteich – Natürliche Lebensräume selbst gestalten. (4230) Von H. Hendel, P. Keßeler, 240 S., 247 Farbfotos, 68 Farbzeichnungen, Pappband ●●●●●

Mein kleiner Gartenteich
planen – anlegen – pflegen
(0851) Von I. Polaschek, 144 S., 85 Farbfotos, 10 Farbzeichnungen, kart. ●●

Leben im Naturgarten
Der Biogärtner und seine gesunde Umwelt. (4124) Von N. Jorek, 128 S., 68 s/w-Fotos, kart. ●●

So wird mein Garten zum Biogarten
Alles über die Umstellung auf naturgemäßen Anbau. (0706) Von I. Gabriel, 128 S., 73 Farbfotos, 54 Farbzeichnungen, kart. ●●

Gesunde Pflanzen im Biogarten
Biologische Maßnahmen bei Schädlingsbefall und Pflanzenkrankheiten. (0707) Von I. Gabriel, 128 S., 126 Farbfotos, 12 Farbzeichnungen, kart. ●●

Kosmische Einflüsse auf unsere Gartenpflanzen
Sterne beeinflussen Wachstum und Gesundheit der Pflanzen. (0708) Von I. Gabriel, 112 S., 57 Farbfotos, 43 Farbzeichnungen, kart. ●●

Der Biogarten unter Glas und Folie
Ganzjährig erfolgreich ernten. (0722) Von I. Gabriel, 128 S., 62 Farbfotos, 45 Farbzeichnungen, kart. ●●

Obst und Beeren im Biogarten
Gesunde und schmackhafte Früchte durch natürlichen Anbau. (0780)Von I. Gabriel, 128 S., 38 Farbfotos, 71 Farbzeichnungen, kart. ●●

Kräuter und Heilpflanzen im Biogarten
Gesunde Ernte durch natürlichen Anbau. (0929) Von I. Gabriel, 112 S., 63 Farbfotos, 19 Farbzeichnungen, kart. ●●

Neuanlage eines Biogartens
Planung, Bodenvorbeitung, Gestaltung. (0721) Von I. Gabriel, 128 S., 73 Farbfotos, 39 Zeichnungen, kart. ●●

Der biologische Zier- und Wohngarten
Planen, Vorbereiten, Bepflanzen und Pflegen. (0748) Von I. Gabriel, 128 S., 72 Farbfotos, 46 Farbzeichnungen, kart. ●●

Gemüse im Biogarten
Gesunde Ernte durch naturgemäßen Anbau (0830) Von I. Gabriel, 128 S., 26 Farbfotos, 86 Farbzeichnungen, kart. ●●

Erfolgreich gärtnern
durch naturgemäßen Anbau
(4252) Von I. Gabriel, 416 S., 176 Farbfotos, 212 Farbzeichnungen, Pappband. ●●●

Das Bio-Gartenjahr
Arbeitsplan für naturgemäßes Gärtnern. (4169) Von N. Jorek, 128 S., 8 Farbtafeln, 70 s/w-Abb. kart. ●●

Selbstversorgung aus dem eigenen Anbau
Reichen Erntesegen verwerten und haltbar machen. (4182) Von M. Bustorf-Hirsch, M. Hirsch, 216 S., 270 Zeichnungen, Pappband. ●●●

Mischkultur im Nutzgarten
Mit Jahreskalender und Anbauplänen. (0651) Von H. Oppel, 112 S., 8 Farbtafeln, 23 s/w- Fotos, 29 Zeichnungen, kart. ●

Erfolgreich gärtnern mit
Frühbeet und Folie
(0828) Von Dr. Gustav Schoser, 88 S., 8 Farbtafeln, 46 s/w-Fotos, kart. ●

Erfolgstips für den Gemüsegarten
Mit naturgemäßem Anbau zu höherem Ertrag. (0674) Von F. Mühl, 80 S., 30 s/w-Fotos, 4 Zeichnungen, kart. ●

Erfolgstips für den Obstgarten
Gesunde Früchte durch richtige Sortenwahl und Pflege. (0827) Von F. Mühl, 184 S., 16 Farbtafeln, 33 Zeichnungen, kart. ●●

Erfolgstips für den Zierkarten
Schmuckpflanzen und Rasen richtig pflegen. (0930) Von F. Mühl, 156 S., 12 Farbtafeln, 26 s/w–Zeichnungen, kart. ●●

Gemüse, Kräuter, Obst aus dem Balkongarten – Erfolgreich ernten auf kleinstem Raum. (0694) Von S. Stein, 32 S., 34 Farbfotos, 6 Zeichnungen, Spiralbindung, kart. ●

Keime, Sprossen, Küchenkräuter
am Fenster ziehen – rund ums Jahr. (0658) Von F. und H. Jantzen, 32 S., 55 Farbfotos, Pappband. ●

Balkons in Blütenpracht
zu allen Jahreszeiten.
(5047) Von N. Uhl, 64 S., 80 Farbfotos, Pappband. ●●

Kletterpflanzen
Rankende Begrünung für Fassade, Balkon und Garten. (5140) Von M. Haberer, 64 S., 70 Farbabb., 2 Zeichnungen, Pappband. ●●

Mein Kräutergarten rund ums Jahr
Täglich schnittfrisch und gesund würzen. (4192) Von Prof. Dr. G. Lysek, 136 S., 15 Farbtafeln, 91 Zeichnungen, kart. ●●

Blühende Zimmerpflanzen
94 Arten mit Pflegeanleitungen. (5010) Von R. Blaich, 64 S., 107 Farbfotos, Pappband. ●●

Prof. Stelzers grüne Sprechstunde
Gesunde Zimmerpflanzen
Krankheiten erkennen und behandeln · Mit neuem Diagnosesystem. (4274) Von Prof. Dr. G. Stelzer, 192 S., 410 Farbfotos, 10 s/w-Zeichnungen, Pappband. ●●●●

365 Erfolgstips für schöne Zimmerpflanzen
(0893) Von H. Jantra, 144 S., 215 Farbfotos, kart. ●●

Videokassette
Pflanzenjournal
Blumen- und Pflanzenpflege im Jahreslauf. (6036) VHS, ca. 30 Min., in Farbe, ●●●●*

Blütenpracht in Grolit 2000
Der neue, mühelose Weg zu farbenprächtigen Zimmerpflanzen. (5127) Von G. Vocke, 64 S., 50 Farbfotos, Pappband. ●●

Ziergräser
Über 100 Arten erfolgreich kultivieren. (0829) Von H. Jantra, 104 S., 73 Farbfotos, 6 Farbzeichnungen, kart. ●●

Bonsai
Japanische Miniaturbäume und Miniaturlandschaften. Anzucht, Gestaltung und Pflege. (4091) Von B. Lesniewicz, 160 S., 106 Farbfotos, 46 s/w-Fotos, 115 Zeichnungen, gebunden. ●●●●●

Zimmerbäume, Palmen und andere Blattpflanzen
Standort, Pflege, Vermehrung, Schädlinge. (5111) Von G. Schoser, 96 S., 98 Farbfotos, 7 Zeichnungen, Pappband. ●●

Die hier vorgestellten Bücher, Videokassetten und Software sind in folgende Preisgruppen unterteilt:

● Preisgruppe bis DM 10,–/S 79,–
●● Preisgruppe über DM 10,– bis DM 20,– S 80,– bis S 160,–
●●● Preisgruppe über DM 20,– bis DM 30,– S 161,– bis S 240,–
●●●● Preisgruppe über DM 30,– bis DM 50,– S 241,– bis S 400,–
●●●●● Preisgruppe über DM 50,–/S 401,–
*(unverbindliche Preisempfehlung)

Die Preise entsprechen dem Status beim Druck dieses Verzeichnisses (s. Seite 1) – Änderungen, im besonderen der Preise, vorbehalten –

Biologisch zimmergärtnern
Zier- und Nutzpflanzen natürlich pflegen. (4144) Von N. Jorek, 152 S., 15 Farbtafeln, 120 s/w-Fotos, Pappband. ●●

Zimmerpflanzen in Hydrokultur
Leitfaden für problemlose Blumenpflege. (0660) Von H.-A. Rotter, 32 S., 76 Farbfotos, 8 farbige Zeichnungen, Pappband. ●

Kakteen und andere Sukkulenten
300 Arten mit über 500 Farbfotos. (4116) Von G. Andersohn, 316 S., 520 Farbfotos, 193 Zeichnungen, Pappband. ●●●●

Fibel für Kakteenfreunde
(0199) Von H. Herold, 102 S., 23 Farbfotos, 37 s/w-Abb., kart. ●

Kakteen
Herkunft, Anzucht, Pflege, Arten. (5021) Von W. Hoffmann, 64 S., 70 Farbfotos, Pappband. ●●

Faszinierende Formen und Farben
Kakteen
(4211) Von K. und F. Schild, 96 S., 127 Farbfotos, Pappband. ●●●

Falken-Handbuch **Orchideen**
Lebensraum, Kultur, Anzucht und Pflege. (4231) Von G. Schoser, 144 S., 121 Farbfotos, 28 Farbzeichnungen, Pappband. ●●●

Vogelhäuschen, Nistkästen, Vogeltränken
mit Plänen und Anleitungen zum Selbstbau. (0695) Von J. Zech 32 S., 42 Farbfotos, 6 Zeichnungen, Pappband. ●

Falken-Handbuch
Umweltschutz
Das Öko-Testbuch zur Eigeninitiative. (4160) Von M. Häfner, 352 S., 411 Farbf., 152 Farbzeichnungen, Pappband. ●●●●

Pilze
erkennen und benennen. (0380) Von J. Raithelhuber, 136 S., 110 Farbfotos, kart. ●●

Falken-Handbuch **Pilze**
Mit über 250 Farbfotos und Rezepten. (4061) Von M. Knoop, 276 S., 250 Farbfotos, Pappband. ●●●●

Speisepilze aus eingener Zucht
Anbau · Pflege · Zubereitung
(0909) Von U. Groos, 72 S., 8 Farbtafeln, 16 s/w-Zeichnungen, kart. ●

Grizimek Juniors **BUNTE TIERWELT**
(4295) Von Chr. Grizimek, 208 S., 308 Farbfotos, Pappband. ●●●

Falken-Handbuch **Katzen**
(4158) Von B. Gerber, 176 S., 294 Farb- und 88 s/w-Fotos, Pappband. ●●●●

Katzen
Rassen · Haltung · Pflege. (4216) Von B. Eilert-Overbeck, 96 S., 82 Farbfotos, Pappband. ●●●

Das neue Katzenbuch
Rassen – Aufzucht – Pflege. (0427) Von B. Eilert-Overbeck, 136 S., 14 Farbfotos, 26 s/w-Fotos, kart. ●

Katzenkrankheiten
Erkennung und Behandlung. Steuerung des Sexualverhaltens. (0652) Von Dr. med. vet. R. Spangenberg, 176 S., 64 s/w-Fotos, 4 Zeichnungen, kart. ●

Falken-Handbuch **Hunde**
(4118) Von H. Bielfeld, 176 S., 222 Farb- und 73 s/w-Abb., Pappband. ●●●●

Hunde
Rassen · Erziehung · Haltung. (4209) Von H. Bielfeld, 96 S., 101 Farbfotos, Pappband. ●●●

Das neue Hundebuch
Rassen · Aufzucht · Pflege. (0009) Von W. Busack, überarbeitet von Dr. med. vet. A. H. Hacker und H. Bielfeld, 112 S., 8 Farbtafeln, 27 s/w-Fotos, 6 Zeichnungen, kart. ●

Falken-Handbuch
Der Deutsche Schäferhund
(4077) Von U. Förster, 228 S., 160 Abb., Pappband. ●●●

Der Deutsche Schäferhund
Aufzucht, Pflege und Ausbildung. (0073) Von A. Hacker, 104 S., 56 Abb., kart. ●

Dackel, Teckel, Dachshund
Aufzucht · Pflege · Ausbildung. (0508) Von M. Wein-Gysae, 112 S., 4 Farbtafeln, 43 s/w-Fotos, 2 Zeichnungen, kart. ●

Hundeausbildung
Verhalten – Gehorsam – Abrichtung. (0346) Von Prof. Dr. R. Menzel, 96 S., 18 Fotos, kart. ●

Grundausbildung für Gebrauchshunde
Schäferhund, Boxer, Rottweiler, Dobermann, Riesenschnauzer, Airedaleterrier, Hovawart und Bouvier. (0801) Von M. Schmidt und W. Koch, 104 S., 8 Farbtafeln, 51 s/w-Fotos, 5 s/w-Zeichnungen, kart. ●

Hundekrankheiten
Erkennung und Behandlung, Steuerung des Sexualverhaltens. (0570) Von Dr. med. vet. R. Spangenberg, 128 S., 68 s/w-Fotos, 10 Zeichnungen, kart. ●

Falken-Handbuch **Pferde**
(4186) Von H. Werner, 176 S., 196 Farb-und 50 s/w-Fotos, 100 Zeichnungen, Pappband. ●●●●

Wellensittiche
Arten · Haltung · Pflege · Sprechunterricht · Zucht. (5136) Von H. Bielfeld, 64 S., 59 Farbfotos, Pappband. ●●

Papageien und Sittiche
Arten · Pflege · Sprechunterricht. (0591) Von H. Bielfeld, 112 S., 8 Farbtafeln, kart. ●

Geflügelhaltung als Hobby
(0749) Von M. Baumeister, H. Meyer, 184 S., 8 Farbtafeln, 47 s/w-Fotos, 15 Zeichnungen, kart. ●●

Das Süßwasser-Aquarium
Einrichtung · Pflege · Fische · Pflanzen. (0153) Von H. J. Mayland, 152 S., 16 Farbtafeln, 43 s/w-Zeichnungen, kart. ●●

Falken-Handbuch
Süßwasser-Aquarium
(4191) Von H. J. Mayland, 288 S., 564 Farbfotos, 75 Zeichnungen, Pappband. ●●●●

DIE TIERSPRECHSTUNDE
Tiere im Wassergarten
(0808) Von Dr. med. vet. E. M. Bartenschlager, 96 S., 84 Farbfotos, 7 Zeichnungen, kart. ●

DIE TIERSPRECHSTUNDE
Sittiche und kleine Papageien
(0864) Von Dr. med. vet. E. M. Bartenschlager, 88 S., 84 Farbfotos, 9 Zeichnungen, kart. ●

DIE TIERSPRECHSTUNDE
Junge Katzen
(0862) Von Dr. med. vet. E. M. Bartenschlager, 72 S., 40 Farbfotos, 4 Farbzeichnungen, kart. ●

DIE TIERSPRECHSTUNDE
Alles über Igel in Natur und Garten
(0810) Von Dr. med. vet. E. M. Bartenschlager, 68 S., 51 Farbfotos, kart. ●

DIE TIERSPRECHSTUNDE
Alles über Meerschweinchen
(0809) Von Dr. med. vet. E. M. Bartenschlager, 72 S., 43 Farbfotos, 11 Farbzeichnungen, kart. ●

DIE TIERSPRECHSTUNDE
Alles über junge Hunde
(0863) Von Dr. med. vet. E. M. Bartenschlager, 64 S., 49 Farbfotos, 6 Zeichnungen, kart. ●

DIE TIERSPRECHSTUNDE
Richtige Hundeernährung
(0811) Von Dr. med. vet. E. M. Bartenschlager, 80 S., 51 Farbfotos, 4 Farbzeichnungen, kart. ●

Dinosaurier
und andere Tiere der Urzeit. (4219) Von G. Alschner, 96 S., 81 Farbzeichnungen, 4 Fotos, Pappband. ●●●

Mensch und Gesundheit

Die Frau als Hausärztin
Der unentbehrliche Ratgeber für die Gesundheit. (4072) Von Dr. med. A. Fischer-Dückelmann, 808 S., 14 Farbtafeln, 146 s/w-Fotos, 203 Zeichnungen, Pappband. ●●●

Dr. Reitners großes Gesundheitslexikon
Mit über 5000 Stichwörtern. (4282) Von Dr. med. H.-J. Lewitzka-Reitner, in Zusammenarbeit mit P. Janknecht und U. Kannapinn, 504 S., 424 s/w-Abbildungen, Pappband. ●●

Sexualberatung
(0402) Von Dr. M. Röhl, 168 S., 8 Farbtafeln, 17 Zeichnungen, Pappband. ●●

Die Kunst des Stillens
nach neuesten Erkenntnissen (0701) Von Prof. Dr. med. E. Schmidt, S. Brunn, 112 S., 20 Fotos und Zeichnungen, kart. ●

Wenn Sie ein Kind bekommen
(4003) Von U. Klamroth, Dr. med. H. Oster, 240 S., 86 s/w-Fotos, 30 Zeichnungen, kart. ●●●

Der moderne Ratgeber
Wir werden Eltern
Schwangerschaft · Geburt · Erziehung des Kleinkindes. (4269) Von B. Nees-Delaval, 376 S., 335 zweifarbige Abbildungen, Pappband. ●●●●

Vorbereitung auf die Geburt
Schwangerschaftsgymnastik, Atmung, Rückbildungsgymnastik. (0251) Von S. Buchholz, 112 S., 98 s/w-Fotos, kart. ●

Wie soll es heißen?
(0211) Von D. Köhr, 136 S., kart. ●

Das Babybuch
Pflege · Ernährung · Entwicklung. (0531) Von A. Burkert, 128 S., 16 Farbtafeln, 38 s/w-Fotos, 30 Zeichnungen, kart. ●●

Wenn der Mensch zum Vater wird
Ein heiter-besinnlicher Ratgeber. (4259) Von D. Zimmer, 160 S., 20 Zeichnungen, Pappband. ●●

Wenn Kinder krank werden
Medizinischer Ratgeber für Eltern. (4240) Von Dr. med. I. J. Chasnoff, B. Nees-Delaval, 232 S., 163 Zeichnungen, Pappband. ●●●

Die hier vorgestellten Bücher, Videokassetten und Software sind in folgende Preisgruppen unterteilt:

● Preisgruppe bis DM 10,–/S 79,–
●● Preisgruppe über DM 10,– bis DM 20,– S 80,– bis S 160,–
●●● Preisgruppe über DM 20,– bis DM 30,– S 161,– bis S 240,–
●●●● Preisgruppe über DM 30,– bis DM 50,– S 241,– bis S 400,–
●●●●● Preisgruppe über DM 50,–/S 401,–
*(unverbindliche Preisempfehlung)

Die Preise entsprechen dem Status beim Druck dieses Verzeichnisses (s. Seite 1) – Änderungen, im besonderen der Preise, vorbehalten –

FALKEN

Psycho-Tests
– Erkennen Sich sich selbst. (0710) Von B. M. Nash, R. B. Monchick, 304 S., 81 Zeichnungen, kart. ●●

FALKEN-SOFTWARE
Ego-Tests
Sich und andere besser erkennen und verstehen. (7012) Diskette für IBM PC kompatible (MS DOS) mit Begleitheft. ●●●●●*

Frauenträume – Männerträume
und ihre Bedeutung. (4198) Von G. Senger, 272 S., mit Traumlexikon, Pappband. ●●●

Wie Sie im Schlaf das Leben meistern
Schöpferisch träumen
Der Klartraum als Lebenshilfe. (4258) Von Prof. D. P. Tholey, K. Utecht. 256 S., 1 s/w-Foto, 20 Zeichnungen, Pappband. ●●●

So deutet man Träume
Die Bildersprache des Unbewußten. (0444) Von G. Haddenbach, 160 S., Pappband. ●

Bildatlas des menschlichen Körpers
(4177) Von G. Pogliani, V. Vannini, 112 S., 402 Farbabb. 28 s/w-Fotos, Pappband. ●●●

Ratgeber Aids
Entstehung, Ansteckung, Krankheitsbilder, Heilungschancen, Schutzmaßnahmen. (0803) Von B. Baartman, Vorwort von Dr. med. H. Jäger, 112 S., 8 Farbtafeln, 4 Grafiken, kart. ●●

Enzyme
Vitalstoffe für die Gesundheit. (0677) Von G. Leibold, 96 S., kart. ●

Heilfasten
(0713) Von G. Leibold, 108 S., kart. ●

Besser leben durch Fasten
(0841) Von G. Leibold, 100 S., kart. ●

Fastenkuren
Wege zur gesunden Lebensführung. Rezepte und Tips für die Nachfastenzeit. Kurzfasten · Saftfastenkuren · Fastenschalttage · Heilfasten. (4248) Von Ha. A. Mehler, H. Keppler, 144 S., 16 s/w-Fotos, 9 Zeichnungen, Pappband. ●●●

Aus dem Schatz der Naturmedizin
Heilkräuterkuren
(4268) Von Dr. med. E. Rauch, Dr. rer. nat. P. Kruletz, 144 S., 49 Zeichnungen, kart. ●●

Rheuma behandeln und lindern
Mit einem Vorwort von Dr. med. Max-Otto-Bruker. (0836) Von G. Leibold, 100 S., kart. ●

Die echte Schroth-Kur
(0797) Von Dr. med. R. Schroth, 88 S., 2 s/w-Fotos, kart. ●

Streß bewältigen durch Entspannung
(0834) Von Dr. med. Chr. Schenk, 88 S., 29 Zeichnungen, kart. ●

Gesundheit und Spannkraft durch Yoga
(0321) Von L. Frank und U. Ebbers, 112 S., 50 s/w-Fotos, kart. ●

Yoga für jeden
(0341) Von K. Zebroff, 156 S., 135 Abb., Spiralbindung. ●●●

Yoga für Schwangere
Der Weg zur sanften Geburt. (0777) Von V. Bolesta-Hahn, 108 S., 76 zweifarbige Abb. kart. ●●

Yoga gegen Haltungsschäden und Rückenschmerzen
(0394) Von A. Raab, 104 S., 215 Abb., kart. ●

Bauch, Taille und Hüfte gezielt formen durch
Aktiv-Yoga
(0709) Von K. Zebroff, 112 S., 102 Farbfotos, kart. ●●

Hypnose und Autosuggestion
Methoden – Heilwirkungen – praktische Beispiele. (0483) Von G. Leibold, 120 S., 9 Illustrationen, kart. ●

Kneippkuren zu Hause
(0779) Von G. Leibold, 112 S., 25 Zeichnungen, kart. ●

Krebsangst und Krebs behandeln
Mit einem Vorwort von Prof. Dr. med. Friedrich Douwes. (0839) Von G. Leibold, 104 S., kart. ●

Allergien behandeln und lindern
Mit einem Vorwort von Prof. Dr. med. Axel Stemmann. (0840) Von G. Leibold, 104 S., 4 Zeichnungen, kart. ●

Besser sehen durch Augentraining
Ein Gesundheitsprogramm zur Verbesserung des Sehvermögens. (0914) Von K. Schutt, B. Rumpler, 96 S., 32 s/w-Zeichnungen, kart. ●

Darmleiden
Krankheitsbilder, Behandlung, Selbstbehandlung, Richtige Lebensführung und Ernährung. (0798) Von Dr. med. K. Steffens, 112 S., 46 Zeichnungen, kart. ●

Massage
(0750) Von B. Rumpler, K. Schutt, 112 S., 116 zweifarbige Zeichnungen, kart. ●●

Fußmassage
Reflexzonentherapie am Fuß (0714) Von G. Leibold, 96 S., 38 Zeichnungen, kart. ●

Rheuma und Gicht
Krankheitsbilder, Behandlung, Therapieverfahren, Selbstbehandlung, Richtige Lebensführung und Ernährung. (0712) Von Dr. J. Höder, J. Bandick, 104 S., kart. ●

Diabetes
Krankheitsbild, Therapie, Kontrollen, Schwangerschaft, Sport, Urlaub, Alltagsprobleme, Neueste Erkenntnisse der Diabetesforschung. (0895) Von Dr. med. H. J. Krönke, 120 S., 4 Farbtafeln, 14 s/w-Fotos, 13 s/w-Zeichnungen, kart. ●

Krampfadern
Ursachen, Vorbeugung, Selbstbehandlung, Therapieverfahren. (0727) Von Dr. med. K. Steffens, 96 S., 38 Abb., kart. ●

Gallenleiden
Krankheitsbilder, Behandlung, Therapieverfahren, Selbstbehandlung, Richtige Lebensführung und Ernährung. (0673) Von Dr. med. K. Steffens, 104 S., 34 Zeichnungen, kart. ●

Asthma
Pseudokrupp, Bronchitis und Lungenemphysem. (0778) Von Prof. Dr. med. W. Schmidt, 120 S., 56 Zeichnungen, kart. ●

Autogenes Training
Anwendung · Heilwirkungen · Methoden. (0541) Von R. Faller, 128 S., 3 Zeichnungen, kart. ●

Die fernöstliche Fingerdrucktherapie Shiatsu
Anleitungen zur Selbsthilfe – Heilwirkungen. (0615) Von G. Leibold, 196 S., 180 Abb., kart. ●●

Eigenbehandlung durch Akupressur
Heilwirkungen – Energielehre – Meridiane. (0417) Von G. Leibold, 152 S., 78 Abb., kart. ●

Chinesische Naturheilverfahren
Selbstbehandlung mit bewährten Methoden der physikalischen Therapie. Atemtherapie · Heilgymnastik · Selbstmassage · Vorbeugen · Behandeln · Entspannen. (4247) Von F. T. Lie, 160 S., 292 zweifarbige Zeichnungen, Pappband. ●●●

Massagetechniken und Heilanzeigen
Reflexzonentherapie
(4404) Von G. Leibold, 128 S., 53 Farbzeichnungen, Pappband. ●●●

Chinesisches Schattenboxen
Tai-Ji-Quan
für geistige und körperliche Harmonie. (0850) Von F. T. Lie, 120 S., 221 s/w-Fotos, 9 s/w-Zeichnungen, Beilage: 1 s/w-Poster mit zahlreichen Abbildungen, kart. ●●

Gesundheit durch altbewährte Kräuterrezepte und Hausmittel aus der
Natur-Apotheke
(4156) Von G. Leibold, 236 S., 8 Farbtafeln, 100 Zeichnungen, kart., ●●

Heiltees und Kräuter für die Gesundheit
(4123) Von G. Leibold, 136 S., 15 Farbtafeln, 16 Zeichnungen, kart. ●●

Falken-Handbuch **Heilkräuter**
Modernes Lexikon der Pflanzen und Anwendungen (4076) Von G. Leibold, 392 S., 183 Farbfotos, 22 Zeichnungen, geb. ●●●●

Kochen für Diabetiker
Gesund und schmackhaft für die ganze Familie. (4132) Von M. Toeller, W. Schumacher, A. C. Groote, 224 S., 109 Farbfotos, 94 Zeichnungen, Pappband. ●●●

Neue Rezepte für Diabetiker-Diät
Vollwertig – abwechslungsreich - kalorienarm. (0418) Von M. Oehlrich, 120 S., 8 Farbtafeln, kart. ●

Diät bei Krankheiten des Magens und Zwölffingerdarms
Rezeptteil von B. Zöllner. (3201) Von Prof. Dr. med. H. Kaess, 96 S., 35 Farbfotos, 1 s/w-Zeichnung, kart. ●●

Diät bei Herzkrankheiten und Bluthochdruck
Salzarme (natriumarme) Kost, Rezeptteil von B. Zöllner. (3202) Von Prof. Dr. med. H. Rottka, 92 S., 4 Farbtafeln, kart. ●●

Diät bei Erkrankungen der Nieren, Harnwege und bei Dialysebehandlung
Rezeptteil von B. Zöllner. (3203) Von Prof. Dr. med. Dr. h. c. H. J. Sarre und Prof. Dr. med. R. Kluthe, 96 S., 33 Farbfotos, 1 s/w-Zeichnung, kart. ●●

Richtige Ernährung wenn man älter wird
Rezeptteil von B. Zöllner. (3204) Von Prof. Dr. med. H.-J. Pusch. 96 S., 36 Farbfotos und 3 s/w-Zeichnungen, kart. ●●

Diät bei Gicht und Harnsäuresteinen
Rezeptteil von B. Zöllner. (3205) Von Prof. Dr. med. N. Zöllner, 80 S., 4 Farbtafeln, kart. ●●

Diät bei Zuckerkrankheit
Rezeptteil von B. Zöllner. (3206) Von Prof. Dr. med. P. Dieterle, 112 S., 42 Farbfotos, 4 vierfarbige Vignetten, 1 s/w-Zeichnung, kart. ●●

Diät bei Krankheiten der Gallenblase, Leber und Bauchspeicheldrüse
Rezeptteil von B. Zöllner. (3207) Von Prof. Dr. med. H. Kasper, 88 S., 4 Farbtafeln, kart. ●●

Diät bei Störungen des Fettstoffwechsels und zur Vorbeugung der Arteriosklerose
Rezeptteil von B. Zöllner. (3208) Von Prof. Dr. med. G. Wolfram und Dr. med. O. Adam, 104 S., 4 Farbtafeln, kart. ●●

Diät bei Übergewicht
Rezeptteil von B. Zöllner. (3209) Von Prof. Dr. med. Ch. Keller, 104 S., 42 Farbfotos, 3 s/w-Zeichnungen, kart. ●●

Die hier vorgestellten Bücher, Videokassetten und Software sind in folgende Preisgruppen unterteilt:

● Preisgruppe bis DM 10,–/S 79,–
●● Preisgruppe über DM 10,– bis DM 20,– S 80,– bis S 160,–
●●● Preisgruppe über DM 20,– bis DM 30,– S 161,– bis S 240,–
●●●● Preisgruppe über DM 30,– bis DM 50,– S 241,– bis S 400,–
●●●●● Preisgruppe über DM 50,–/S 401,–
*(unverbindliche Preisempfehlung)

Die Preise entsprechen dem Status beim Druck dieses Verzeichnisses (s. Seite 1) – Änderungen, im besonderen der Preise, vorbehalten –

Diät bei Darmkrankheiten
Durchfall – Divertikulose, Reizdarm und Darmträgheit – einheimische Sprue (Zöliakie) – Disaccharidasemangel – Dünndarmresektion – Dumping Syndrom. Rezeptteil von B. Zöllner. (3211) Von Prof. Dr. med. G. Strohmeyer, 88 S., 4 Farbtafeln, kart. ●●

Ballaststoffreiche Kost bei Funktionsstörungen des Darms
Rezeptteil von B. Zöllner. (3212) Von Prof. Dr. med. H. Kasper, 96 S., 34 Farbfotos, 1 s/w-Foto, kart. ●●

Rat und Wissen

Der gute Ton
Ein moderner Knigge. (0063) Von I. Wolter, 168 S., 38 Zeichnungen, 53 s/w-Fotos, kart. ●

Haushaltstips von A bis Z
(0759) Von A. Eder, 80 S., 30 Zeichnungen, kart. ●

Familienforschung · Ahnentafel · Wappenkunde
Wege zur eigenen Familienchronik. (0744) Von P. Bahn, 128 S., 8 Farbtafeln, 30 Abbildungen, kart. ●●

Die Kunst der freien Rede
Ein Intensivkurs mit vielen Übungen, Beispielen und Lösungen. (4189) Von G. Hirsch, 232 S., 11 Zeichnungen, Pappband. ●●●

Reden zur Taufe, Kommunion und Konfirmation
(0751) Von G. Georg, 96 S., kart. ●

Der richtige Brief zu jedem Anlaß
Das moderne Handbuch mit 400 Musterbriefen. (4179) Von H. Kirst, 376 S., Pappband. ●●●

Wir heiraten
Ratgeber zur Vorbereitung und Festgestaltung der Verlobung und Hochzeit. (4188) Von C. Poensgen, 216 S., 8 s/w-Fotos, 30 s/w-Zeichnungen, 8 Farbtafeln, Pappband. ●●●

Wir feiern Hochzeit
Festgestaltung – phantasievoll und modern. (0943) Von H. J. Winkler, 120 S., kart. ●

Von der Verlobung zur Goldenen Hochzeit
(0393) Von E. Ruge, 120 S., kart. ●

Reden zur Hochzeit
Musteransprachen für Hochzeitstage. (0654) Von G. Georg, 112 S., kart. ●

Glückwünsche, Toasts und Festreden zur Hochzeit.
(0264) Von I. Wolter, 128 S., 18 Zeichnungen, kart. ●

Hochzeits- und Bierzeitungen
Muster, Tips und Anregungen. (0288) Von H.-J. Winkler, mit vielen Text- und Gestaltungsanregungen, 116 S., 15 Abb., 1 Musterzeitung, kart. ●

Kindergedichte zur Grünen, Silbernen und Goldenen Hochzeit
(0318) Von H.-J. Winkler, 104 S., 20 Abb., kart. ●

Kindergedichte für Familienfeste
(0860) Von B. H. Bull, 96 S., 20 Zeichnungen, kart. ●

Die Silberhochzeit
Vorbereitung · Einladung · Geschenkvorschläge · Dekoration · Festablauf · Menüs · Reden · Glückwünsche. (0542) Von K. F. Merkle, 120 S., 41 Zeichnungen, kart. ●

Großes Buch der Glückwünsche
(0255) Hrsg. von O. Fuhrmann, 176 S., 77 Zeichnungen und viele Gestaltungsvorschläge, kart. ●

Herzliche Glückwünsche!
Die schönsten Gedichte und Texte für viele Gelegenheiten. (0942) Hrsg. von B. H. Bull, 256 S., 50 Zeichnungen, Pappband. ●●

Neue Glückwunschfibel
für Groß und Klein. (0156) Von R. Christian-Hildebrandt, 96 S., kart. ●

Glückwunschverse für Kinder
(0277) Von B. Ulrici, 80 S., kart. ●

Die Redekunst
Rhetorik · Rednererfolg (0076) Von K. Wolter, überarbeitet von Dr. W. Tappe, 80 S., kart. ●

Reden und Ansprachen
für jeden Anlaß. (4009) Hrsg. von F. Sicker, 454 S., gebunden. ●●●●

Reden zum Jubiläum
Musteransprachen für viele Gelegenheiten (0595) Von G. Georg, 112 S., kart. ●

Reden zum Ruhestand
Musteransprachen zum Abschluß des Berufslebens (0790) Von G. Georg, 104 S., kart. ●

Reden und Sprüche zu Grundsteinlegung, Richtfest und Einzug
(0598) Von A. Bruder, G. Georg, 96 S., kart. ●

Reden zu Familienfesten
Musteransprachen für viele Gelegenheiten. (0675) Von G. Georg, 112 S., kart. ●

Reden zum Geburtstag
Musteransprachen für familiäre und offizielle Anlässe. (0773) Von G. Georg, 104 S., kart. ●

Festreden und Vereinsreden
Ansprachen für festliche Gelegenheiten. (0069) Von K. Lehnhoff, E. Ruge, 88 S., kart. ●

Reden im Verein
Musteransprachen für viele Gelegenheiten. (0703) Von G. Georg, 112 S., kart., ●

Programm und Publikum
Der ständige Versuch einer Annäherung. Beiträge und Reden über das öffentlich-rechtliche Fernsehen. (0874) Von A. Schardt, 167 S., kart. ●●

Trinksprüche
Fest- und Damenreden in Reimen. (0791) Von L. Metzner, 88 S., 14 s/w-Zeichnungen, kart. ●

Trinksprüche, Richtsprüche, Gästebuchverse
(0224) Von D. Kellermann, 80 S., kart. ●

Ins Gästebuch geschrieben
(0576) Von K. H. Trabeck, 96 S., 24 Zeichnungen, kart. ●

Poesiealbumverse
Heiteres und Besinnliches. (0578) Von A. Göttling, 112 S., 20 Zeichnungen, Pappband. ●●

Verse fürs Poesiealbum
(0241) Von I. Wolter, 96 S., 20 Abb., kart. ●

Rosen, Tulpen, Nelken . . .
Beliebte Verse fürs Poesiealbum
(0431) Von W. Pröve, 96 S., 11 Faksimile-Abb., kart. ●

Der Verseschmied
Kleiner Leitfaden für Hobbydichter. Mit Reimlexikon. (0597) Von T. Parisius, 96 S., 28 Zeichnungen, kart. ●

Moderne Korrespondenz
Handbuch für erfolgreiche Briefe. (4014) Von H. Kirst und W. Manekeller, 544 S., Pappband. ●●●●

Der neue Briefsteller
Musterbriefe für alle Gelegenheiten. (0060) Von I. Wolter-Rosendorf, 112 S., kart. ●

Geschäftliche Briefe
des Privatmanns, Handwerkers, Kaufmanns. (0041) Von A. Römer, 120 S., kart. ●

Behördenkorrespondenz
Musterbriefe – Anträge – Einsprüche. (0412) Von E. Ruge, 120 S., kart. ●

Musterbriefe
für alle Gelegenheiten. (0231) Hrsg. von O. Fuhrmann, 240 S., kart. ●

Privatbriefe
Muster für alle Gelegenheiten. (0114) Von I. Wolter-Rosendorf, 132 S., kart. ●

Briefe zu Geburt und Taufe
Glückwünsche und Danksagungen. (0802) Von H. Beitz, 96 S., 12 Zeichnungen, kart. ●

Briefe zum Geburtstag
Glückwünsche und Danksagungen (0822) Von H. Beitz, 104 S., 22 Zeichnungen, kart. ●

Briefe zur Hochzeit
Glückwünsche und Danksagungen (0852) Von R. Röngen, 96 S., 1 Zeichnung, 39 Vignetten, kart. ●

Briefe der Liebe
Anregungen für gefühlvolle und zärtliche Worte. (0903) Hrsg. von H. Beitz, 96 S., 4 Zeichnungen, kart. ●

Erfolgstips für den Schriftverkehr
Briefwechsel leicht gemacht durch einfachen Stil und klaren Ausdruck (0678) Von U. Schoenwald, 120 S., kart. ●

Worte und Briefe der Anteilnahme
(0464) Von E. Ruge, 128 S., mit vielen Abb., kart. ●

Reden in Trauerfällen
Musteransprachen für Beerdigungen und Trauerfeiern (0736) Von G. Georg, 104 S., kart. ●

In Anerkennung Ihrer…
Lob und Würdigung in Briefen und Reden
(0535) Von H. Friedrich, 136 S., kart. ●

Das große farbige Kinderlexikon
(4195) Von U. Kopp, 320 S., 493 Farbabb., 17 s/w-Fotos, Pappband. ●●●

ZDF · ORF · DRS
Kompaß Jugend-Lexikon
(4096) Von R. Kerler, J. Blum, 336 S., 766 Farbfotos, 39 s/w-Abb., Pappband. ●●●●

Elternsache Grundschule
(0692) Hrsg. von K. Meynersen, 324 S., kart. ●●●

Vom Urkrümel zum Atompilz
Evolution – Ursache und Ausweg aus der Krise. (4181) Von J. Voigt, 188 S., 20 Farb- und 70 s/w-Fotos, 32 Zeichnungen, kart. ●●

Neues Denken – alte Geister
New Age unter der Lupe. (4278) Von G. Myrell, Dr. W. Schmandt, J. Voigt, 176 S., 54 Farbfotos, 3 Zeichnungen, kart. ●●

Die hier vorgestellten Bücher, Videokassetten und Software sind in folgende Preisgruppen unterteilt:

● Preisgruppe bis DM 10,–/S 79,–
●● Preisgruppe über DM 10,– bis DM 20,– S 80,– bis S 160,–
●●● Preisgruppe über DM 20,– bis DM 30,– S 161,– bis S 240,–
●●●● Preisgruppe über DM 30,– bis DM 50,– S 241,– bis S 400,–
●●●●● Preisgruppe über DM 50,–/S 401,–
*(unverbindliche Preisempfehlung)

Die Preise entsprechen dem Status beim Druck dieses Verzeichnisses (s. Seite 1) – Änderungen, im besonderen der Preise, vorbehalten –

FALKEN

Schülerlexikon der Mathematik
Formeln, Übungen und Begriffserklärungen für die Klassen 5–10. (0430) Von R. Müller, 176 S., 96 Zeichnungen, kart. ●

Mathematik verständlich
Zahlenbereiche Mengenlehre, Algebra, Geometrie, Wahrscheinlichkeitsrechnung, Kaufmännisches Rechnen. (4135) Von R. Müller, 652 S., 10 s/w- und 109 Farbfotos, 802 farbige und 79 s/w-Zeichnungen, über 2500 Beispiele und Übungen mit Lösungen, Pappband. ●●●●●

Mathematische Formeln für Schule und Beruf
Mit Beispielen und Erklärungen. (0499) Von R. Müller, 156 S., 210 Zeichnungen, kart. ●

Rechnen aufgefrischt
für Schule und Beruf. (0100) Von H. Rausch, 144 S., kart. ●

Physik verständlich
Förderkurs für die Klassen 7 bis 10 (0926) Von Dr. Th. Neubert, 136 S., 146 s/w-Zeichnungen, 166 Aufgaben, kart. ●●

Mehr Erfolg in Schule und Beruf
Besseres Deutsch
Mit Übungen und Beispielen für Rechtschreibung, Diktate, Zeichensetzung, Aufsätze, Grammatik, Literaturbetrachtung, Stil, Briefe, Fremdwörter, Reden. (4115) Von K. Schreiner, 444 S., 7 s/w-Fotos, 27 Zeichnungen, Pappband. ●●●

Richtiges Deutsch
Rechtschreibung · Zeichensetzung · Grammatik · Stilkunde. (0551) Von K. Schreiner, 128 S., 7 Zeichnungen, kart. ●

Diktate besser schreiben
Übungen zur Rechtschreibung für die Klassen 4–8. (0469) Von K. Schreiner, 152 S., 31 Zeichnungen, kart. ●

Aufsätze besser schreiben
Förderkurs für die Klassen 4–10. (0429) Von K. Schreiner, 144 S., 4 s/w-Fotos, 27 Zeichnungen, kart. ●

Deutsche Grammatik
Ein Lern- und Übungsbuch. (0704) Von K. Schreiner, 112 S., kart. ●

Mehr Erfolg in der Schule
Deutsche Rechtschreibung und Grammatik
Übungen und Beispiele für die Klassen 5–10. (4407) Von K. Schreiner, 256 S., durchgehend zweifarbig, Pappband. ●●●

Mehr Erfolg in der Schule
Der Deutschaufsatz
Übungen und Beispiele für die Klassen 5–10. (4271) Von K. Schreiner, 240 S., 4 s/w-Fotos, 51 Zeichnungen, Pappband. ●●●

Richtige Zeichensetzung
durch neue, vereinfachte Regeln. Erläuterungen der Zweifelsfragen anhand vieler Beispiele. (0774) Von Prof. Dr. Ch. Stetter, 160 S., kart. ●

Richtige Groß- und Kleinschreibung
durch neue, vereinfachte Regeln. Erläuterungen der Zweifelsfragen anhand vieler Beispiele. (0897) Von Prof. Dr. Ch. Stetter, 96 S., kart. ●

Besseres Englisch
Grammatik und Übungen für die Klassen 5 bis 10. (0745) Von E. Henrichs, 144 S., ●●

The Grammar Master
Englische Grammatik üben und beherrschen. (7002) Diskette für den C 64/C 128 (im 64er Modus) ●●●●*

Vokabeltrainer Englisch
Von B. Hoppius. (7001) Wendediskette für C 64/C 128 PC, mit Begleitheft. ●●●●*
(7007) Wendediskette für Atari ST 520/1040, mit Begleitheft. ●●●●●*

Take a Trip to Britain
(7004) Von reLine, Diskette für C 64/C 128 PC, mit Begleitheft. ●●●●*

Schnell und sicher zum Führerschein
Tips und Tricks aus 30jähriger-Fahrschul-Praxis. (0921) Von O. Einert, 152 S., 156 Farbfotos, 161 z. T. farb. Zeichnungen, kart. ●●

Maschinenschreiben für Kinder
(0274) Von H. Kaus, 48 S., farbige Abb., kart. ●

So lernt man leicht und schnell
Maschinenschreiben
Lehrbuch für Schulen, Lehrgänge und Selbstunterricht. (0568) Von M. Kempkes, 112 S., 31 s/w- Fotos, 36 Zeichnungen, kart. ●●

Maschinenschreiben durch Selbstunterricht
(0170) Von A. Fonfara, 84 S., kart. ●

Maschinenschreiben
In 10 Tagen spielend gelernt. Von Unterrichtsmedien Hoppius. (7008) Diskette für den C 64 und C 128 PC ●●●●*
(7009) für IBM PC + kompatible, ●●●●●*
(7010) für Schneider CPC 464, 664, 6128, ●●●●●*

Stenografie leicht gelernt
im Kursus oder Selbstunterricht. (0266) Von H. Kaus, 64 S., kart. ●

Buchführung
leicht gefaßt. Ein Leitfaden für Handwerker und Gewerbetreibende. (0127) Von R. Pohl. 104 S., kart. ●

Buchführung leicht gemacht
Ein methodischer Grundkurs für den Selbstunterricht. (4238) Von D. Machenheimer, R. Kersten, 252 S., Pappband. ●●●

Erfolgreiche Kaufmannspraxis
Wirtschaftliche Grundlagen, Geld, Kreditwesen, Steuern, Betriebsführung, Recht, EDV. (4046) Von W. Göhler, H. Gölz, M. Heibel, Dr. D. Machenheimer, 544 S., gebunden. ●●●●

Familienrecht
Ehe – Scheidung – Unterhalt. (4190) Von T. Drewes, R. Hollender, 368 S., Pappband. ●●●

Scheidung und Unterhalt
nach dem neuen Eherecht. Mit dem Unterhaltsänderungsgesetz 1986. (0403) Von T. Drewes, 112 S., mit Kosten und Unterhaltstabellen, kart. ●

Erziehungsgeld, Mutterschutz, Erziehungsurlaub
Alles über das neue Recht für Eltern. Mit den Gesetzestexten. (0835) Von J. Grönert, 144 S., kart. ●●

Endlich 18 und nun?
Rechte und Pflichten mit der Volljährigkeit. (0646) Von R. Rathgeber, 224 S., 27 Zeichnungen, kart. ●●

Was heißt hier minderjährig?
(0765) Von R. Rathgeber, C. Rummel, 148 S., 50 Fotos, 25 Zeichnungen, kart. ●●

Erbrecht und Testament
Mit Erläuterungen des Erbschaftssteuergesetzes von 1974. (0046) Von Dr. jur. H. Wandrey, 124 S., kart. ●

Testament und Erbschaft
Erbfolge, Rechte und Pflichten der Erben, Erbschafts- und Schenkungssteuer, Mustertestamente. (4139) Von T. Drewes, R. Hollender, 304 S., Pappband. ●●●

Mein letzter Wille
Ratgeber für Erblasser, Erben und Hinterbliebene. (0939) Von T. Drewes, 136 S., 9 s/w-Zeichnungen, kart. ●●

Präzise Ratschläge für
Ihre optimale Rente
Vorbereitung · Berechnungsgrundlagen · Gesetzesänderungen · Individuelle Rechenbeispiele. (0806) Von K. Möcks, 96 S., 24 Formulare, 1 Graphik, kart. ●

Mietrecht
Leitfaden für Mieter und Vermieter. (0479) Von J. Beuthner, 196 S., kart. ●●

Wege zum Börsenerfolg
Aktien · Anleihen · Optionen (4275) Von H. Krause, 252 S., 4 s/w-Fotos, 86 Zeichnungen, Pappband. ●●●

So werde ich erfolgreich
Ratschläge und Tips für Beruf und Privatleben. (0918) Von H. Hans, 104 S., kart. ●●

99 Alternativen für Umsteiger
Mehr Freude am Leben mit dem richtigen Beruf. (4251) Von D. Maxeiner, P. Birkenmeier, 192 S., 143 Fotos, 46 Zeichnungen, kart. ●●●

Lebenslauf und Bewerbung
Beispiele für Inhalt, Form und Aufbau. (0428) Von H. Friedrich, 112 S. kart. ●

Erfolgreiche Bewerbungsbriefe und Bewerbungsformen
(0138) Von W. Manekeller, 88 S., kart. ●

Die erfolgreiche Bewerbung
Bewerbung und Vorstellung. (0173) Von W. Manekeller, 156 S., kart. ●

Die Bewerbung
Der moderne Ratgeber für Bewerbungsbriefe, Lebenslauf und Vorstellungsgespräche. (4138) Von W. Manekeller, 264 S., Pappband. ●●

Erfolgreiche Bewerbung um einen Ausbildungsplatz
(0715) Von H. Friedrich, 136 S., kart. ●

Die ersten Tage am neuen Arbeitsplatz
Ratschläge für den richtigen Umgang mit Kollegen und Vorgesetzten (0855) Von H. Friedrich, 104 S., kart. ●

Zeugnisse im Beruf
richtig schreiben, richtig verstehen. (0544) Von H. Friedrich, 112 S., kart. ●

Vorstellungsgespräche
sicher und erfolgreich führen. (0636) Von H. Friedrich, 111 S., kart. ●

Keine Angst vor Einstellungstests
Ein Ratgeber für Bewerber. (0793) Von Ch. Titze. 120 S., 67 Zeichnungen, kart. ●

Esoterik

Bauernregeln, Bauernweisheiten, Bauernsprüche
(4243) Von G. Haddenbach, 192 S., 62 Farbabb. 9 s/w-Fotos, 144 s/w-Zeichnungen, Pappband. ●●●

Gesund durch Gedankenenergie
Heilung im gemeinsamen Kraftfeld (6035) VHS, 45 Min., in Farbe ●●●●*

Die hier vorgestellten Bücher, Videokassetten und Software sind in folgende Preisgruppen unterteilt:

● Preisgruppe bis DM 10,–/S 79,–
●● Preisgruppe über DM 10,– bis DM 20,– S 80,– bis S 160,–
●●● Preisgruppe über DM 20,– bis DM 30,– S 161,– bis S 240,–
●●●● Preisgruppe über DM 30,– bis DM 50,– S 241,– bis S 400,–
●●●●● Preisgruppe über DM 50,–/S 401,–
*(unverbindliche Preisempfehlung)

Die Preise entsprechen dem Status beim Druck dieses Verzeichnisses (s. Seite 1) – Änderungen, im besonderen der Preise, vorbehalten –

FALKEN

Die Magie der Zahlen
So nutzen Sie die Geheimnisse der Numerologie für Ihr persönliches Glück mit dem völlig neuen Planetennumeroskop
(4242) Von B. A. Mertz, 224 S., 36 Abbildungen, Pappband. ●●●

I Ging der Liebe
Das altchinesische Orakel für Partnerschaft und Ehe. (4244) Von G. Damian-Knight, 320 S., 64 s/w-Zeichnungen, Pappband. ●●●

Die neue Lebenshilfe **Biorhythmik**
Höhen und Tiefen der persönlichen Lebenskurven vorausberecnen und danach handeln. (0458) Von W. A. Appel, 157 S., 63 Zeichnungen, Pappband. ●●

Die neue Erkenntnisse zum Biorhythmus
Individuelle Rhythmogramme für Berufserfolg und Gesundheit, Partnerschaft und Freizeit, Beilage: Tagesformplaner.
(4276) Von H. Bott, 144 S., 35 s/w-Zeichnungen, Pappband. ●●●

Falken-Handbuch **Kartenlegen**
Wahrsagen mit Tarot-, Skat-, Lenormand- und Zigeunerblättern.
(4226) Von B. A. Mertz, 288 S., 38 Farb- und 108 s/w-Abb. Pappband. ●●●●

Wahrsagen mit Tarot-Karten
(0482) Von E. J. Nigg, 112 S., 4 Farbtafeln, 52 s/w-Abb., Pappband. ●●

Selbst Wahrsagen mit Karten
Die Zukunft in Liebe, Beruf und Finanzen. (0404) Von R. Koch, 112 S., 252 Abb., Pappband. ●●

Weissagen, Hellsehen, Kartenlegen ...
Wie jeder die geheimen Kräfte ergründen und für sich nutzen kann. (4153) Von G. Haddenbach, 192 S., 40 Zeichnungen, Pappband. ●●

Erkennen Sie Psyche und Charakter durch **Handdeutung**
(4176) Von B. A. Mertz, 252 S., 9 s/w-Fotos, 160 Zeichnungen, Pappband. ●●●●

Falken-Handbuch **Astrologie**
Charakterkunde · Schicksal · Liebe und Beruf · Berechnung und Deutung von Horoskopen · Aszendenttabelle. (4068) Von B. A. Mertz, 342 S., mit 60 erläuternden Grafiken, Pappband. ●●●

Die Familie im Horoskop
Glück und Harmonie gemeinsam erleben – Probleme und Gegensätze verstehen und tolerieren. (4161) Von B. A. Mertz, 296 S., 40 Zeichnungen, kart. ●●●

Aztekenhoroskop
Deutung von Liebe und Schicksal nach dem Aztekenkalender. (0543) Von C.-M. und R. Kerler, 160 S., 20 Zeichnungen, Pappband. ●

Was sagt uns das Horoskop?
Praktische Einführung in die Astrologie. (0655) Von B. A. Mertz, 176 S., 25 Zeichnungen, kart. ●

Das Super-Horoskop
Der neue Weg zur Deutung von Charaker, Liebe und Schicksal nach chinesischer und abendländischer Astrologie. (0465) Von G. Haddenbach, 175 S., kart. ●

Liebeshoroskop für die 12 Sternzeichen
Alles über Chancen, Beziehungen, Erotik, Zärtlichkeit, Leidenschaft. (0587) Von G. Haddenbach, 144 S., 11 Zeichnungen, kart. ●

Die 12 Sternzeichen
Charakter, Liebe und Schicksal. (0385) Von G. Haddenbach, 160 S., Pappband. ●●

Die 12 Tierzeichen im chinesischen Horoskop
(0423) Von G. Haddenbach, 128 S., Pappband. ●

Sternstunden
für Liebe, Glück und Geld, Berufserfolg und Gesundheit. Das ganz persönliche Mitbringsel für Widder (0621), Stier (0622), Zwillinge (0623), Krebs (0624), Löwe (0625), Jungfrau (0626), Waage (0627), Skorpion (0628), Schütze (0629), Steinbock (0630), Wassermann (0631), Fische (0632) Von L. Cancer, 62 S., durchgehend farbig, Zeichnungen, Pappband. ●

Computer-Bücher und Software

Computer Grundwissen
Eine Einführung in Funktion und Einsatzmöglichkeiten. (4302) Von W. Bauer, 176 Seiten, 193 Farb- und 12 s/w-Fotos, 37 Computergrafiken, kart., ●●●
(4301) Pappband, ●●●●

Einführung in die Programmiersprache BASIC. (4303) Von S. Curran und R. Curnow, 192 S., 92 Zeichnungen, kart. ●●

Intelligenz in BASIC
für Schneider CPC 464/664/6128. Mit Diskette 3". (4320) Von K.-H. Koch, 160 S., 14 Zeichnungen, kart. ●●●●●

Lernen mit dem Computer. (4304)
Von S. Curran und R. Curnow, 144 S., 34 Zeichnungen, Spiralbindung, ●●

Garantiert BASIC lernen mit dem C 128
Mit kompletter Kurs-Diskette
(4321) Von A. Görgens, 288 S., 4 s/w-Fotos, 83 Zeichnungen, kart. ●●●●

Grundwissen Informationsverarbeitung
(4314) Von H. Schiro, 312 S., 59 s/w-Fotos, 133 s/w-Zeichnungen, Pappband. ●●●●●

Heimcomputer-Bastelkiste
Messen, Steuern, Regeln mit C 64-, Apple II-, MSX-, TANDY-, MC-, Atari- und Sinclair-Computern. (4309) Von G. A. Karl, 256 S., 160 Zeichnungen, kart. ●●●●

WORDSTAR 2000
Textverarbeitung für Einsteiger und Profis Mit erprobten Anwendungen aus der Praxis. (4317) Von D. Nasser, 200 S., 9 s/w-Fotos, 3 Zeichnungen, kart. ●●●●●

Drucker und Plotter
Text und Grafik für Ihren Computer. (4315) Von K.-H. Koch, 192 S., 12 Farbtafeln, 5 s/w-Fotos, kart. ●●●●

Computergrafik
Von den Grundlagen bis zum perfekten 3 D-Programm. (4319) Von A. Brück, 296 S., 20 Farbtafeln, 180 s/w-Grafiken, 50 s/w- Zeichnungen, 83 Listings, Pappband. ●●●●●

Textverarbeitung mit Home- und Personal-Computern
Systeme – Vergleiche – Anwendungen. (4316) Von A. Görgens, 128 S., 49 s/w-Fotos, kart. ●●●●

Die tägliche PC-Praxis
Anwendungshilfen, Programme und Erweiterungen für MS-DOS-Computer
(4322) Von A. Görgens, 224 S., 25 Abbildungen, kart. ●●●●

dBase III
Einführung für Einsteiger und Nachschlagewerk für Profis. (4310) Von J. Brehm, G. A. Karl, 211 S., 23 Abb., kart. ●●●●●

FALKEN PC PRAXIS
Desktop Publishing
Setzen und Drucken auf dem Schreibtisch. (4323) Von A. Görgens, 120 S., 11 s/w-Fotos, 72 Zeichnungen, kart. ●●●

FALKEN PC PRAXIS
WordStar Praxis professionell
Für die Versionen 3.4/3.45/4.0
Erweiterungen · Praxis-Tips · Datenaustausch · Desktop Publishing. (4324) Von A. Görgens, 172 S., 2 s/w-Fotos, 2 s/w-Zeichnungen, 116 s/w-Grafiken, kart. ●●●●

Die Super-Preisleistung

Die 100 bekanntesten und beliebtesten Volkslieder, mit wunderschönen Farbzeichnungen von Brian Bagnall, durchgehend farbig im Großformat als gebundener Pappband.

Kein schöner Land ... Das große Buch unserer beliebtesten Volkslieder. (0001) Hrsg. von Norbert Linke, 208 Seiten, 118 Farbzeichnungen, Pappband.

Erschienen in der F. Bassermann'schen Verlagsbuchhandlung Nachf.

Die hier vorgestellten Bücher, Videokassetten und Software sind in folgende Preisgruppen unterteilt:

● Preisgruppe bis DM 10,–/S 79,–
●● Preisgruppe über DM 10,– bis DM 20,– S 80,– bis S 160,–
●●● Preisgruppe über DM 20,– bis DM 30,– S 161,– bis S 240,–
●●●● Preisgruppe über DM 30,– bis DM 50,– S 241,– bis S 400,–
●●●●● Preisgruppe über DM 50,–/S 401,–
*(unverbindliche Preisempfehlung)

Die Preise entsprechen dem Status beim Druck dieses Verzeichnisses (s. Seite 1) – Änderungen, im besonderen der Preise, vorbehalten –

FALKEN

BIBLIOTHECA ÆSTHETICA

Carmina Burana

Ein bibliophiles Dokument von einzigartiger kulturgeschichtlicher Bedeutung.

(4292) Von Ingrid Schade, 128 Seiten, Faksimile-Druck, Leinen-Einband mit Prägung, im Schuber, mit 24seitiger Beilage, numerierte und handsignierte Auflage von 999 Exemplaren, **DM 498,–** S 3980.–

Bestellschein

Erfüllungsort und Gerichtsstand für Vollkaufleute ist der jeweilige Sitz der Lieferfirma. Für alle übrigen Kunden gilt dieser Gerichtsstand für das Mahnverfahren. Falls durch besondere Umstände Preisänderungen notwendig werden, erfolgt Auftragserledigung zu dem bei der Lieferung gültigen Preis.
Ich bestelle hiermit aus dem Falken-Verlag GmbH, Postfach 11 20, D-6272 Niedernhausen/Ts., durch die Buchhandlung:

Ex. ______________________________

Ex. ______________________________

Ex. ______________________________

Ex. ______________________________

Name: ______________________________

Straße: ______________ Ort: ______________

Datum: ______________ Unterschrift: ______________

FALKEN

Für die Schweiz: sFr.-Preise gemäß Preisauszeichnung in der Buchhandlung